Ich liebe dich
wie du wohnst

Ich liebe dich
wie du wohnst

von Friederun Pleterski
Fotografien von Harald Eisenberger

Christian Brandstätter Verlag

Inhalt

Oscar
SCRABBLE
5000

FRAGILE

Ein sehr persönliches Vorwort

Welch ein Vergnügen, Menschen daheim zu besuchen! Keine andere Hülle als das Zuhause zeigt, wie Menschen sind. Es hat mit Farben zu tun und mit Stil, aber vor allem mit Raum. Wie geht man mit dem Raum um, in dem man wohnt? Darin liegt der Schlüssel zur Persönlichkeit. Am Geld liegt gar nichts. Kreativität ist alles.
Ich bin allen jenen dankbar, die dem Fotografen und mir die Tür zu ihrer Persönlichkeit geöffnet haben, indem sie die Tür zu ihrer Wohnung öffneten. Es waren Freunde und Unbekannte, Junge und Ältere, Singles und Paare, die uns Einblick in ihr Wohnen gaben. Einige Wohnungen kannte ich schon vorher, andere habe ich erst kennen gelernt, weil sie mir von Freunden empfohlen wurden. Kreativität war das Kriterium für die Auswahl, nicht der Stil. Dadurch kam jene bunte Mischung zusammen, die dieses Buch ausmacht.
Jede Wohngeschichte ist auch eine Liebesgeschichte. Es geht um die Liebe zu einem Partner, um die Liebe zu Kindern und um die Liebe zu sich selbst. Wer liebt, wohnt gut, egal wie normal oder wie ungewöhnlich: in einem Atelier oder einem Hotel, frisch verliebt in einer Wohnung oder immer noch verliebt in zwei Wohnungen; auf 43 oder auf 280 Quadratmetern, im Gartenhaus oder im Penthouse, mit Designermöbeln, Bauernmöbeln oder Möbeln vom Flohmarkt.
Es geht in diesem Buch auch um Vorlieben. Allein die Auswahl der Beleuchtungskörper zeigt, wie groß geschmackliche Unterschiede bei jenen sein können, die gut wohnen. Da ist die Designerin, die Deckenleuchten liebt, der Grafiker, bei dem es keine einzige gibt. Da sind die Steuerberaterin und die Illustratorin, die sich beide, unabhängig voneinander, in dieselbe Deckenleuchte verliebten. Man verliebt sich ja nicht nur in einen Menschen, sondern auch in Bilder, in Möbel oder Teppiche, und weiß darüber einiges zu berichten.
Geschichten, die sich um den Erwerb von Möbelstücken ranken, gehören ebenfalls zu einer Wohnung. Es hat mit Liebe zu tun, wenn man mit einem Lampenschirm im Gepäck um die halbe Welt reist, wenn man am Strand Muscheln und Steine sammelt, um sie am Regal im Badezimmer zu arrangieren. Der Liebesbrief, der aus der Truhe fällt, die man am Flohmarkt erstanden hat, oder die kobaltblaue Flasche, die man beim Umgraben der Bodenbeschüttung findet – sie alle sind Schätze.
Auch die Rücksicht auf Vorhandenes beim Renovieren, Achtsamkeit beim Umgang mit zerbrechlichen Dingen, Sorgfalt bei der Verwendung von Materialien ist Liebe. Wenn jemand eine Mauer abreißt und die Steine im Garten als Pflastersteine verwendet, wenn jemand, nur für sich, schön aufdeckt oder einen hübschen Vorhang näht, dann ist er ein Mensch, der liebt. Und der es verdient, geliebt zu werden.
Zeit braucht man für die Liebe, und tatsächlich wird man viel Zeit in die Gestaltung seiner vier Wände investieren, wenn man eine liebevoll eingerichtete Wohnung haben möchte. Dabei sind Tipps sehr nützlich. Wenn die Hausfrau oder der Hausherr Ratschläge parat hatten, habe ich sie notiert und an die Leser weitergegeben.
Die glücklich Wohnenden, die wir porträtieren, werden bei ihren Vornamen genannt. Wobei nicht alle die richtigen sind. Hie und da hat uns jemand, der uns seine Wohnungstür öffnete, darum gebeten, ein Pseudonym zu verwenden. Wir haben es gerne getan. Ähnlichkeiten mit bekannten Personen sind möglich und nicht ausgeschlossen.

Friederun Pleterski

Eine italienische Designerin liebt kräftige Farben und grafische Lösungen. Mit Licht-Spielen, Low-Budget-Design und Möbeln vom Flohmarkt geht sie ausgewogen um. Man kann einiges von der jungen Dame aus Bologna lernen, die in der Südsteiermark ihren Mann und in Graz ihre zweite Heimat gefunden hat.

Loftig luftig

Alice, Designerin

Diese Wohnung ist wie eine frische Brise, die durch die österreichische Wohnlandschaft weht. Die Brise kommt aus Italien, woher die Hausfrau stammt. Ist sie Innenarchitektin, Designerin, Grafikerin? So genau lässt sie sich auf keinen der Berufe festlegen. Derzeit ist sie eher als Grafikerin tätig, gestaltet Logos, Broschüren, Websites. Die Arbeit am Bildschirm ist leichter mit der Kinderbetreuung zu kombinieren. Am Vormittag arbeitet sie, ein Kindermädchen nimmt ihr die Kleine ab, am Nachmittag ist sie Mutter. Am Abend hat sie oft Gäste. Sie ist mit einem steirischen Forstwirt und Sägewerksbesitzer verheiratet, dessen Arbeitsort eine Stunde von Graz entfernt ist.

Vor fünf Jahren haben sie einander in Griechenland beim Segeln kennen gelernt, seither teilt sie diese Leidenschaft mit ihm. Er ist geschäftlich viel unterwegs und ließ ihr bei der Gestaltung ihrer Stadtwohnung im Zentrum von Graz freie Hand. Nur den Boden hat er ihr empfohlen: massives Eichenparkett aus dem eigenen Wald, durchgehend in der gesamten Wohnung verlegt, und die ist 280 Quadratmeter groß. Es ist eine Zimmerflucht, bestehend aus acht Räumen, alle mit Internet-Anschluss, dazu drei Badezimmer und begehbare Garderoben. Wenige Schränke. Überhaupt wenige Möbel und schon gar keine eingebauten.

Auf zweierlei kommt es der Hausfrau und Designerin an: auf Raum und auf Farben. Sie liebt kräftige Farben und als Basis Weiß. Und weil kräftige Farben die Eigenschaft haben, aufzufallen und Räume kleiner erscheinen zu lassen, wenn man ganze Wände mit ihnen anmalt, verwendet sie ihre Lieblingsfarben nur in kleinen Mengen: auf Textilien, auf Bildern, als Akzent. Die Decken sind grafisch gestaltet: breite Farbbänder, quer oder längs über die Decke gemalt, geben jedem Raum ein Farbthema, das sich in den Vorhängen und in den Möbeln wiederholt. Dabei kombiniert sie modernes Design, auch Low-Budget-Design, mit alten Stücken vom Flohmarkt, die sie meist weiß streicht. Die wenigen dunklen und schweren Möbel sind ausgesuchte Stücke. Vollgeräumte Wohnungen wirken immer chaotisch, meint sie. Chaos ist Unordnung und macht zu viel Arbeit, wenn man gerne Ordnung hat, so wie sie.

Im Entree ist eine praktische Garderobe hinter einer blauen Tür versteckt, das WC für die Gäste liegt hinter einer roten Tür, eine gelbe Tür öffnet sich in einen schmalen Gang, der zu den Kinderzimmern, den Schlaf- und Badezimmern führt. Alle anderen Türen sind weiß und schlicht. Dieser Gang, neun Meter lang und einen Meter fünfzig breit, hat kein Tageslicht. Er wird auf ungewöhnliche Art beleuchtet: mit einem Farb- und Lichtspiel. Alice ließ sich dazu von dem Lichtkünstler Dan Flavin inspirieren: Sie setzte die Decke tiefer und versteckte über ihr zwei mal drei Neonröhren in den Farben Rot, Blau und Grün. Dreht man das Licht auf, so schalten sich diese Neonröhren in einem bestimmten Rhythmus ein und aus,

Das schwarze Regal mit diagonalen Fächern für großformatige Bücher wurde von der Designerin entworfen.

Rot-Orange ist das Farbthema im Wohnzimmer.

Retro-Stühle vom Flohmarkt, original bezogen.

—

Das Art-déco-Bett stammt vom Flohmarkt in Bologna.

Der lange Flur wird durch Lichtspiele verändert.

die Farben verändern sich, der Raum wird in Farben getaucht. Das Wohnzimmer liegt zentral: ein weitläufiger, mit wenigen Möbeln eingerichteter Raum, dessen orangerote Sitzgruppe von B&B Italia mehr als nur drei Leute zum Sitzen einlädt. An einer Wand stehen zwei Regale in Weiß, an der gegenüberliegenden solche in Schwarz, von Alice entworfen. Die Fächer sind diagonal angeordnet. In ihnen haben die großformatigen „Coffeetable Books" Platz. Davor ein weißer Charles-Eames-Tisch, darauf eine Lampe von Kartell mit geripptem Plexiglasschirm, die Hängelampen stammen aus demselben Design-Programm. Das strahlend blaue Bild über der orangeroten Sitzgruppe zeigt den Himmel über dem Wiener Museumsquartier, ein Freund hat es gemalt; das andere, auffallende Bild an der Fensterwand Kreise in Schwarzweiß. Bei näherem Hinsehen entpuppt es sich als Möbelstück: Es ist ein Schrank für CDs. Markus Benesch hat ihn und andere dazu passende Möbel bei Memphis für Alice entworfen und die Serie „La casa di Alice" genannt. Sie wird in limitierter Stückzahl verkauft. Wenn man den Schrank wie einen Tabernakel öffnet, präsentiert er sein Inneres. Es zeigt sich, dass der Designer seine Muse gut studiert hat: Die Regalbretter leuchten in ihren Lieblingsfarben.

Als sie, von Natur aus ein urbanes Wesen, ihrem künftigen Ehemann aus Mailand in die grüne Steiermark folgte, wohnten die beiden in einem Schloss am Land, wo sie immer noch den Sommer und die Wochenenden verbringen. Als feststand, dass sie heiraten wollten, begannen sie in Graz eine Wohnung zu suchen. Es sollte eine sehr große Wohnung sein, über 200 Quadratmeter, aber eine solche war schwer zu finden. Büros in dieser Größe aber gibt es, und so wurden sie fündig: Sie adaptierten die Räume einer Versicherung. Dass diese Räume zwar beim Stadtpark, aber an einer verkehrsreichen Straße im ersten Stock liegen, stört sie gar nicht. „Ich bin Italienerin", sagt sie, „und brauche keine Terrasse, so wie die Österreicher, die schon im Februar draußen sitzen. Ich brauche auch keinen Garten." Sie lacht: „Ich habe keinen grünen Finger. Kaum greife ich eine Pflanze an, geht sie schon ein."

Vielleicht weil die Wohnung einmal ein Büro war oder einfach wegen der Anordnung der Räume in einer Zimmerflucht mit jeweils einer Flügeltüre in der Mitte hat man den Eindruck, in einem Loft zu sein, in dem man nur ein paar Wände eingezogen hat. Nun, man hat die Wände nicht eingezogen, sondern versetzt, sodass das Wohnzimmer zum größten Raum wurde, zum zweitgrößten die Küche am einen Ende der Wohnung und zum drittgrößten das Schlafzimmer am anderen. Die restlichen Räume sind entsprechend kleiner. Der tragende Balken aus Holz, der im Wohnzimmer nun frei lag, blieb sichtbar, man befestigte daran eine Hängematte. Alice legt ihre kleine Tochter hinein und schubst sie ein bisschen, die Kleine jauchzt vor Freude. Die Besucherin schäkert mit der Kleinen und bemerkt, dass man vom einen Ende der Wohnung bis ans andere sehen kann, alle Flügeltüren stehen offen. Noch besser gefällt Alice, dass sie vom einen Ende zum anderen, von der Küche bis ins Schlafzimmer, rufen kann.

Auffallend sind die vielen dekorativen Beleuchtungskörper, vor allem die Deckenlampen, preiswerte Designer-Leuchten, für die Alice ein Faible hat. Hat man sich an ihnen mal satt gesehen, ersetzt man sie durch andere. Ähnlich verhält es sich mit den Vorhängen vom finnischen Stoffe-Hersteller Marimekko, die mit dem jeweiligen Farbstreifen an der Decke harmonieren.

In der Küche dominiert Grün: an den Vorhängen, an der mit Glas verkleideten Wand.

Ob Alice den Hang zu klaren Formen und reinen Farben geerbt hat? Und ihre Freude an leeren Räumen? Eher nein, sagt sie. Ihr Vater war Kunsthändler und ihr Elternhaus voll geräumt mit alten Sachen.
Die große Küche am einen Ende der Zimmerflucht führt um die Ecke, hat einen kleinen Erker, einen Kochbereich mit einer Kochinsel und einen Essbereich, wo ein lang gezogener Esstisch mit dunklen Holzbeinen von Triade steht. Das Farbthema in der Küche ist Grün, ihr Mann hat sich diese Farbe gewünscht. Dementsprechend gemustert sind die Vorhänge, der Streifen an der Decke ist ebenfalls grün. Über dem Tisch hängt eine grüne Lampe von Kartell, über der Kochinsel leuchten drei kleine grüne Lampen „Holmegaard" vom Skandinavian Design House, jede anders geformt. Die Wand hinter der Arbeitsfläche der Küchenzeile wurde grün bemalt, mit einer Glaswand davor. Die Arbeitsflächen sind aus massiver Eiche, man kann direkt darauf schneiden, hacken und den Nudelteig kneten.
In der Arbeitsfläche befindet sich ein Loch mit Deckel, darunter ist der Mülleimer. Das ist vor allem beim Schneiden von Gemüse sehr praktisch: Was nicht verwendet wird, schiebt man einfach mit dem Messer ins Loch. Die Fronten wurden mit glänzendem Autolack in Weiß lackiert, sie sind leicht zu reinigen und widerstandsfähig. Der Einbau wurde vom Tischler gefertigt, der auch die ungewöhnliche Lackierung abgebracht hat.
„Nicht nur die Freunde, auch die Kunden sitzen am liebsten in der Küche am Tisch", sagt Alice, die als Designerin natürlich weiß, dass sich in einer Wohnung immer alles um den größten Tisch schart. Was fragt sie Kunden, die von ihr einrichten lassen? Zunächst geht es darum, welche Funktion die Räume haben sollen. Ob man gerne Partys feiert, am Morgen lange schläft, viele Gäste hat oder lieber allein auf der Couch sitzt und fernsieht. Sie fragt nach den Möbeln, die die Kunden schon haben, nach den Lieblingsstücken, die einen besonderen Platz einnehmen sollen. Um den bevorzugten Stil festzustellen, zeigt sie gerne Fotos verschiedener Stilrichtungen, beobachtet, wie die Leute reagieren. Sie versucht sie kennen zu lernen. Beim Einrichten achtet sie auf Ausgewogenheit und darauf, dass alles praktisch ist. Andere Wohnungen einzurichten macht ihr viel Spaß; so gesehen war sie in dieser Wohnung ihr eigener Kunde, allerdings einer, den sie schon sehr gut kennt.
Die Farbstreifen an den Zimmerdecken entwarf sie am Computer, mal gerade, mal schräg, verschieden breit. Jeder Farbstreifen führt das Auge in den nächsten Raum, an die nächste Decke, verbindet die Räume wie ein Band. Mit den zwei Farbstreifen im Schlafzimmer ist die Designerin nicht ganz zufrieden. Die Farben sind nicht ihre, aber sie passen zu den besonderen Möbeln, die hier sind. Zu dem Art-déco-Bett, das das Paar auf einem Flohmarkt in Bologna gefunden hat; zu den Vintage-Stühlen, die ebenfalls von einem italieni-schen Flohmarkt stammen und noch mit dem Originalstoff überzogen sind, und dem Archiv-Schrank, der aus einer öffentlichen Bibliothek stammt. In ihm hat Alice all ihre Briefe aufbewahrt.
Über dem Kamin, vor dem zwei im Stil der Sechzigerjahre gemusterte Sessel stehen, hängt ein Murano-Spiegel, der nicht so ganz hierher passt, aber bleiben wird. Er ist ein Hochzeitsgeschenk, so wie die zwei Teppiche. Alice ist keine besondere Teppich-Freundin, ihrer Ansicht nach machen sie einen Raum sofort voll. Ein Perser liegt im Wohnzimmer, ein Hirtenteppich im Arbeitszimmer des

CD-Tabernakel-schrank von Markus Benesch, designed für Alice.

Ein gelbes Bad – warum nicht?

Der alte Archivschrank beherbergt Briefe.

Der Hausherr ist leidenschaftlicher Segler.

Ehemannes, das er sich mit zwei Klassikern, einem Eames-Stuhl und einer Bogenlampe, und mit einer riesigen Weltkarte teilt, auf der sich ein hoher Meeresanteil bemerkbar macht. Auf bescheidenen Regalen stehen winzig kleine Schiffchen, an der Wand hängen ein paar Zeichnungen von Yachten, Indizien, die darauf hindeuten, dass der Hausherr eine größere Affinität zu Booten als zu Möbeln hat, was aber nicht bedeuten soll, dass er in dieser Wohnung wenig gemacht hat. Das Bücherregal im Schlafzimmer zum Beispiel hat er selbst gebaut, nach einem Entwurf seiner Frau. Vom Schlafzimmer aus direkt begehbar sind die praktische Garderobe auf der einen und das Badezimmer auf der anderen Seite, das mit Mosaiksteinchen von Bisazza in verschiedenen Brauntönen und in Weiß verkleidet und mit cremefarbenen, matten Keramiken ausgestattet ist, die wunderbar zu den Schlafzimmermöbeln passen. Ein zweites Badezimmer daneben ist mit fröhlichen bunten Steinchen im Streifenmuster ausgestattet. Es gehört zum Kinderzimmer, an das sich noch zwei Gästezimmer und schließlich ein Gäste-Bad in Narzissengelb reihen. „Warum gelb?" „Warum nicht?", antwortet die Designerin. Die einzige Farbe, die ein Bad nicht verträgt, ist Grün. In einem grünen Bad sieht jeder Mensch grün aus. Und das wäre nicht sehr vorteilhaft.

Wenn man möchte, dass eine Wohnung natürlich bunt aussieht, dann sollte man farbige Dinge sparsam verwenden und ihnen als Hintergrund weiße Wände und viele weiße Flächen geben, lautet eine klassische Einrichtungsregel, der auch das gute moderne Design folgt. Die meisten Möbel in Alices Räumen sind weiß, ob Regale, alte Schränke oder Tische. Die horizontalen weißen Flächen machen die Wohnung noch geräumiger und heller. Die Besucherin sitzt mittlerweile am großen Tisch in der Küche und macht sich Notizen. Neben ihr sitzt die Kleine im Schaukelstühlchen am Tisch und wird von der Mama gefüttert. Dann übernimmt das Kindermädchen diese Aufgabe und die Mama setzt sich im Arbeitszimmer nebenan an den Bildschirm. Über ihrem Schreibtisch fällt ein großformatiges abstraktes Bild auf. An den Wänden hängen mehr Bilder als anderswo, sie stammen aus Alices Sammlung. Malt oder zeichnet sie auch selber? O ja, gerne figurativ, gerne Tiere. Einiges hängt im Gäste- und im Kinderzimmer, aber die meisten ihrer eigenen Bilder verschenkt sie. Im Schlafzimmer hängen gerahmte Lomo-Fotos, die machte sie auf ihrer ersten Fahrt auf der Autobahn von Bologna nach Deutschlandsberg.

Alle Möbel in dieser Wohnung kann man umstellen oder woanders hin mitnehmen. Das Leben ändert sich und mit ihm die Einrichtung. „Ich bin schon so oft umgezogen", sagt Alice, die mit vierzehn nach England ins Internat kam. Aber sie hofft, lange in dieser Grazer Wohnung zu bleiben. Graz ist eine so angenehme Stadt. Man bekommt alles hier.

Welche drei Dinge würde sie bei einem Umzug mitnehmen? Sie denkt nicht lange nach: Es sind zwei der Bilder, die in ihrem Arbeitszimmer hängen, eine kleine Illustration aus Kanada und das abstrakte Riesenbild überm Schreibtisch, das sie vor Jahren in Bologna erstanden hat. Es war Liebe auf den ersten Blick und sie hat es schon überall hin mitgeschleppt. Und dann gibt es noch ein Möbelstück, auf das möchte sie nicht verzichten: auf den alten Archivkasten, auf ihren „Briefschrank" aus dem Schlafzimmer. ❤

Einem strebsamen Single, für den eine Sechzig-Stunden-Arbeitswoche normal ist, genügt eine Abendwohnung. In der hat er es gerne weich, warm und gemütlich. Hart, kalt und risikoreich darf es draußen im Geschäftsleben sein. Besuch von Freunden ist erwünscht.

Single, 35, männlich.

Markus, selbstständiger Unternehmer

Wirtschaftsspiele zur Entspannung.

➽ Gut aussehend, beruflich recht erfolgreich, sportlich, witzig, ein wenig ironisch: Dieser Mann kennt das Leben – und sich. Er weiß ganz genau, was er braucht, wie er ist. Markus ist Single, fünfunddreißig, und arbeitet sechzig Stunden in der Woche. Warum man gerade seine Wohnung vorführen möchte? Sie ist eine Abendwohnung, nichts Besonderes. Aber er zeigt sie gerne her. Er führt die Besucherin, die sich im Vorzimmer durch Berge von Bekleidungsstücken durcharbeiten muss, schnurstracks in sein Wohnzimmer – wobei eigentlich die ganze Wohnung irgendwie ein Wohnzimmer ist –, geht sofort zum CD-Player und steckt den I-Pod an; angenehm leise Musik bildet ab nun den Hintergrund der Unterhaltung. Er offeriert einen Drink, stellt ihn beiläufig auf den Couchtisch und sagt: „Das Schöne am Single-Dasein ist, dass ich niemandem Rechenschaft schuldig bin, dass ich machen kann, was ich will, und keine Kompromisse eingehen muss." Sie komme gerade von einem Paar, erzählt die Besucherin, die seien schon seit ein paar Jahren zusammen, obwohl sie in getrennten Wohnungen leben. Er meint scherzhaft, das klinge gut.
Seine Wohnung liegt sehr ruhig, am Rande eines Gartens, mitten in der Stadt in einem bürgerlichen Viertel, wo es viele Restaurants gibt. Gerade erst hat eines im Parterre eröffnet, eines von den „neuen Beiseln", wo es hervorragende bürgerliche Küche gibt, leicht, regional, nicht billig. Dort muss er sich, wenn er von seinem Job nach Hause kommt und hungrig ist, auch gar nicht an einen Tisch setzen; er holt sich den Teller mit dem warmen Gericht gleich in die eigene Wohnung. Hier hat er es gemütlich, kann sich beim Löffeln in seine Lieblingscouch lümmeln, Musik hören, die Schuhe ausziehen und dort, wo er sie ausgezogen hat, auch liegen lassen, daran denken, was er nun als Nächstes macht. Fernsehen? Oder noch ausgehen?
Im Wohnzimmer gibt es eine Sitzgruppe, bestehend aus Couches und Fauteuils, alles sehr weich und bequem, in Braun, Grün, Beige und Weinrot, mit samtigen Stoffen überzogen: angenehme Möbel mit breiten Lehnen. In denen bleibt man gerne sitzen. Drei Leute können einen solchen Lehnsessel benutzen, einer in der Mitte, einer auf der linken, einer auf der rechten Lehne. Das geschieht auch öfter, denn Markus lädt gerne Gäste ein: Freundinnen und Freunde, manchmal eine Herrenpartie, oder seine Eltern und die Geschwister, je nachdem. Die Mutter freut sich jedes Mal, wenn sie ihn besucht, und macht sich Sorgen. Alle ihre Sprösslinge sind schon verheiratet und haben Kinder, nur Markus ist immer noch Single.
Die Wände sind in Pastellfarben gestrichen, in Pfirsich, Creme und Eierschale, nirgendwo liegen Teppiche, nirgendwo sind Muster zu finden, die Farbgebung ist entspannend und warm, ohne den Raum enger zu machen. Über der Biedermeier-Kommode hängen Fotos von Partys, Freunden, Familie, Reisen. Erinnerungssachen halt. Die bodenlangen Vorhänge sind doppelt genäht, sie haben einen roten Rand. Seine Idee? Nicht ganz. Er hat die Stoffe mit einer Freundin ausgesucht, genäht wurden sie im Geschäft. Der abgeschliffene und lackierte Parkettboden, verlegt im Fischgrätmuster, wirkt lebendig und gibt dem Boden Struktur. Auf ihm geben sich die Schuhe des Businessman ein Stelldichein: alle handgemacht, dunkel, die meisten schwarz und matt glänzend geputzt. Wäre nicht ein Paar dieser Schuhe genug? Oder zwei? Sie sehen alle fast gleich aus. Markus lächelt leicht ertappt zu dieser Frage, sein Humor und seine Selbstsicherheit ermöglichen es ihm, über solche Fragen hinwegzuhören. Wenn er die Wohnung verlässt, genügt ein Blick auf die Schuhversammlung und schon weiß er, welche er heute anzieht. Könnte eine solche Formation in einer Wohnung

Marschbereite
Handarbeit.
—
Sanfte Farben,
weiche Möbel.
Nach der Arbeit soll
es bequem sein.
—
Stehlampen und
Tischlampen
schaffen Atmosphäre.

Zarte Pastelltöne an den Wänden machen Räume warm und weit.

stehen, in der noch jemand lebt, eine Frau gar? Natürlich nicht! Die hätte auch gar keinen Platz auf diesen achtzig Quadratmetern, die für einen Single gerade die richtige Größe sind: bezahlbar und überschaubar. Alles, was größer ist, ist für einen zu viel. Und was kleiner ist, für zwei zu klein.

Die Flügeltüre steht offen und gibt den Blick auf ein großes Bett frei, mit einer Tagesdecke in einer angenehm hellen Farbe. Das Bild über dem Bett ist passend, attraktiv und gefällig. Wenn die Flügeltüre offen ist, wie zum Beispiel bei Einladungen, kann man dieses Bett auch als Sitz- und Lümmelmöbel nützen. Nebenan das Bad: klare Linien, unauffällige Armaturen, die Boden- und Wandfarben weiß und grau. In der Schrankwand hängen Hemden über Hemden, gestreifte, bunte, weiße, alle noch ungebügelt.

Die Putzfrau kommt einmal in der Woche, macht sauber und bügelt den Hemdenberg. An den Türschnallen hängen Anzüge, frisch gereinigt, einer ist schon aus der Folie genommen, griffbereit, den wird er später anziehen. Griffbereit sind auch die Sportgeräte im Vorzimmer, die Schier und das Tennisracket. Am Regal und am Boden: Schischuhe, Tennisschuhe, Fußballschuhe. Ein Foto an der Wand zeigt Markus beim Wasserschi-Slalom, wie er sich schräg in die Fluten legt, damit das Wasser eine schöne Fontäne bildet. Eine zentrale Lampe gibt es nur im Schlafzimmer, aus Kristall und eher zur Dekoration; eine Freundin hat sie dort mal angebracht. Er mag lieber indirekte Beleuchtung, Tischlampen und Stehlampen, solche, die Atmosphäre schaffen. Eine Lampe aus perforiertem Eisenblech stammt aus Mexiko, die hat er dort auf einem Markt erstanden und mitgebracht. Die Bilder an der Wand sind eine Mischung aus abstrakt und gegenständlich, es sind Bilder von Freunden und Freundinnen, aber auch ein paar Werke bekannter Maler. Er kauft, was ihn anspricht, und ein paar Mal hatte er einen guten Griff.

Wenn Markus am Feierabend oder am Wochenende beschließt, Tennis oder Fußball zu spielen, ist er im Nu im Sportdress und in den Schuhen. Nicht auszudenken, hier würden auch Damenschuhe stehen! Da wäre kein Platz dafür. Nein, wenn er vielleicht einmal seine Partnerin findet, mit der er dann auch zusammenziehen möchte, dann müsste die Wohnung nicht nur größer sein, sondern auch ganz anders aufgeteilt. Wie? Tja, darüber macht er sich noch keine Gedanken. Wichtig im Moment ist, dass er mit seiner Firma die Angebote draußen hat, das war viel Stress in der letzten Woche. Und dass sie einen Fußballclub gegründet haben, in dem sie regelmäßig spielen. Das macht Spaß. Er mag keine kontemplativen Sportarten wie Laufen, er braucht Wettbewerb.

Zum Essen anbieten kann er immer etwas, der Kühlschrank ist voll. Er kocht oft für Freunde.

„Darf man hier rauchen?" Die Wohnung riecht angenehm und gar nicht nach Rauch. „Aber gerne", sagt Markus. Hier rauchen nach einer gewissen Zeit die meisten, weil es so gemütlich ist, wenn er kocht oder Drinks mixt. Manchmal lädt er die Jungs nur so ein, zu Bier und Fußball im Fernsehen. Und manchmal kocht er, weil er einfach gerne kocht. An das Wohnzimmer grenzt eine Küche in Weiß, die ziemlich vollgeräumt ist – die Putzfrau war ja noch nicht da. Er findet diese Küche wunderbar, weil sie so offen ist. Jeder kann sich selbst bedienen. „Und wo ist der Esstisch?" Es gibt keinen, nicht in der Küche und nicht im Wohnzimmer. Wozu auch? Man nimmt eine Schüssel oder einen Teller oder eine Serviette in die Hand und stellt dann das Geschirr irgendwo ab, zum Beispiel auf dem Couchtisch. Nur in Notfällen wird ein Tisch hergezaubert, aus einem Untergestell und einem Brett, darüber ein Tischtuch, fertig ist die Tafel. Das geschieht meist, wenn die Familie zu Besuch kommt. Dann liegen auch keine zusammengelegten Polo-Shirts und Pullover auf den Sitzflächen der Stühle, von denen es nur drei oder vier gibt.

Markus hat in der Nähe ein Büro, mit Partnern und einigen Angestellten; dort erledigt er seine Schreibarbeiten, dort pflegt er die geschäftlichen Kontakte, dort wird gerechnet, geplant. Zu Hause gibt es nur einen kleinen Arbeitsplatz im Schlafzimmer. Er ist viel unterwegs, schläft oft auswärts.

Eigentlich würde man sich von einem jungen und erfolgreichen

Mann eine andere Wohnung erwarten: Rooftop, gestylt, mit großen Schiebeglastüren und dem Blick über die City. Und kein häusliches Ambiente, in dem sich auf dem Beistelltisch neben Restaurantführern auch Spiele stapeln. Eines heißt „Kuhhandel", ein lustiges Strategiespiel, sehr empfehlenswert. „Ich habe zwei Seiten", meint Markus. „Eine geschäftliche, da bin ich sehr diszipliniert, und eine private, da bin ich offen." In seinem Zuhause will er daheim sein und sich entspannen. Er braucht keine Dachterrasse, denn am Morgen um acht geht er weg, am Abend kommt er erst um acht wieder heim. Oder um zehn. Sein Büro ist deshalb auch geschmackvoll eingerichtet. Vielleicht mag er es zu Hause so, weil er als Kind in einer Wohnung aufwuchs, die so toll war, dass man sich gar nicht erst nach draußen bemühte. Sie war finster und im ersten Stock gelegen, aber riesengroß: 250 Quadratmeter. Dort besaßen er und seine Brüder eine Eisenbahn, die durch die ganze Wohnung fuhr. Im Gang spielten sie Hockey.

Es klingelt an der Tür, Markus öffnet. Herein kommt Single, 30, weiblich, im dunkelblauen Business-Kostüm mit weißer Bluse. „Entschuldige", sagt sie, „ich bin ein bisschen spät dran. Hat wieder mal lange gedauert." Dann nimmt sie neben ihm auf dem kuschelweichen Sofa Platz. Sie hat eine Tasche dabei und die sieht danach aus, als würde der Besuch länger bleiben. ❤

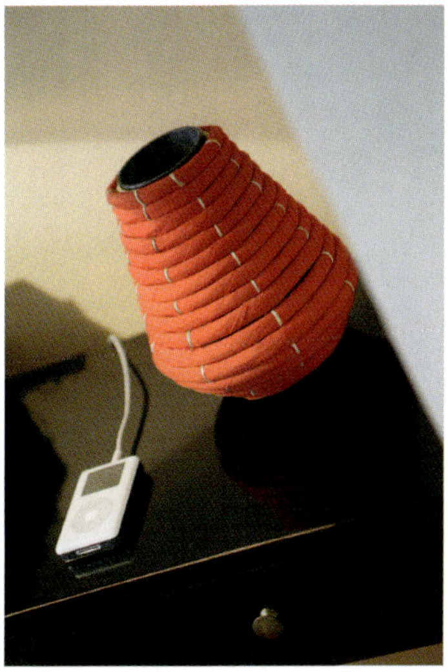

In einer Altbauwohnung an einer verkehrsreichen Straße lebt ein Paar mit neun Kindern. Die Eltern sind jung, Anfang vierzig, die Kinder zwischen drei und zwanzig Jahre alt. Das Ambiente ist kultiviert, der Alltag organisiert. Fernsehen gibt es keines. Weil Fernsehen Zeit frisst.

Die Glocken läuten
das Ostern ein
in allen Enden und Landen
und frohe Herzen jubeln
darein:
Der Lenz ist wieder
erstanden!

Kinder-Reich

Regina und Balduin, Eltern mit neun Kindern

Das Stiegenhaus ist prächtig: breite Treppen aus Marmor, ein reich verziertes Geländer aus Schmiedeeisen. Dann steht man vor einer typischen, braun lackierten Wiener Altbauwohnungs-Türe. Dahinter Schuhe, Kinderwägen, Mäntel, Dreiräder, Tretroller. Man sieht: Hier wohnen Kinder, Erwachsene sind nebensächlich. Und doch: Einen Schritt weiter schaut die Wohnung schon danach aus, als sei sie auch für Erwachsene geeignet: gediegene Einrichtung, mit Geschmack zusammengestellt. Es duftet nach Kuchen. Regina, die Hausfrau, hat noch schnell Biskuit gebacken, weil heute ja Geburtstag gefeiert wird und übermorgen noch einer. Regina entschuldigt sich dafür, dass der Biskuitduft in der Luft hängt.
Es ist der einzige Nachteil der Wohnung, dass man sie nicht so oft lüften kann, wie man möchte. Kaum macht man tagsüber die großen Fensterflügel auf, dröhnt einem der Straßenlärm entgegen.
Und wieso wohnen sie dann nicht draußen im Grünen? Nun, sie waren nahe dran, hinauszuziehen, haben aber, nachdem ihnen die alte Wohnung zu klein geworden war, bei den Großeltern in Maria Enzersdorf drei Wochen zur Probe gewohnt. Da waren sie nur noch Chauffeure, hätten statt einem zwei Autos gebraucht.
So entschieden sie sich vor drei Jahren, in ihrem Heimatbezirk, dem neunten, eine Wohnung zu suchen, weil die Kinder hier ihre Wurzeln haben. Die Freunde, die Cousins und Cousinen, die Musikschule, die Tanzschule, alles ist hier – und der Liechtensteinpark, in dem sie ihre Kindheit verbrachten oder verbringen.
Dass man eine Wohnung in dieser Größe gefunden hat, war ein Glücksfall. Rechtsanwälte hatten sie zuvor benutzt, waren aber ausgezogen, weil die Wohnung hat, was Kanzleien nicht brauchen: zwei Badezimmer und eine Küche. Der Großfamilie aber passte die Wohnung wie angegossen. Und so sieht die Raumaufteilung aus: ein Entree mit drei riesigen Schränken, eine Kammer für Sachen wie Schier, Kinderwägen und Rodel, ein WC und ein Bad. Ein schmaler Gang, von dem aus Türen in drei große, straßenseitig gelegene Zimmer führen. Im ersten stehen Stockbetten für die Jüngsten, ein abgebeizter Kasten, ein so genannter „Almer", den Regina von einem Onkel „auf ewig geliehen" bekam, und dann gibt es wunderschöne Holzspielsachen, Erbstücke, Flohmarkt-Fundstücke, Tauschobjekte und Geschenke: eine Puppenküche vom Sperrmüll, ein Bauernhof mit vielen Tieren, ein Schaukel-Reh, eine Holzburg, eine Kugelbahn und mehrere Fahrzeuge aus Holz, darunter ein Lastwagen, ein Laufrad, ein Dreirad. Damit fahren die Kinder in der ganzen Wohnung herum, sausen um die Türstöcke, durch den Gang. Herumfahren ist eine Kinder-Lieblingsbeschäftigung, danach kommt das Bauen. Aus den kleinen Holzbänken, Tischchen, Stockerln und Schemeln, aus Decken und Tüchern bauen sie sich meist Häuser oder Schiffe, in denen sie spielen. „Bei uns", sagt Regina, „gibt es kein fertiges Spielzeug." So lernen die Kinder zu improvisieren, spielen Theater oder andere Rollenspiele, behaupten, dass Bauklötze Karotten und Äpfel sind, aus denen sie etwas kochen.
Im Speisezimmer steht eine Tafel, die ein wenig an Schneewittchen und die sieben Zwerge erinnert. Eine hübsche Jahrhundertwende-Kommode, die Regina und Balduin als ihr erstes Einrichtungsstück im Auktionshaus Dorotheum erstanden, steht an der einen Wand, ein Schrank an der anderen. Auf ihm prangt eine Sammlung von schönen alten Kerzenhaltern.
Die meisten Möbel in der ganzen Wohnung sind, sieht man genau hin, etwas abgegriffen und beschädigt. Sie haben Patina. „Hier", sagt Regina und zeigt auf eine Stelle „fehlt ein Eck. Ich hab es, wie alle Löcher oder abgeschabten Kanten, einfach mit braunem Filzstift angemalt. Fertig!" Die alten Möbel werden in jedem Raum mit Farbe aufgefrischt. Über den Kommoden und den Schreibtischen, auch im nächsten Zimmer, hängen großformatige Bilder,

Die Darts-Scheibe ist etwas höher montiert, damit die Kleinen sie nicht erreichen.

—

Spontan gemalte Bilder, passend zur Einrichtung.

—

Am großen Holztisch trifft sich die Familie.

Patina macht die Möbel edel, auch das rote Sofa, das aus einem schwedischen Möbelhaus stammt und gar nicht danach aussieht.
—
Unverwüstliche Spielsachen.

Herumfahren mit allem, was fährt, ist die Lieblingsbeschäftigung kleiner Kinder.

abstrakte Motive. Sie passen farblich zu den Textilien. „Haben Sie die Bilder passend zur Einrichtung gekauft?" „Nein", sagt sie und wird beinahe verlegen, „die habe ich selbst gemalt. Ganz schnell. Irgendwann war dazu der richtige Zeitpunkt." Ein paar Fundstücke, zum Beispiel ein Ast oder ein Efeukranz, stammen aus der Natur. Regina hat einen schönen Augenblick an diese Dinge gebunden, und nun sind sie Teil der Wohnung. In Vasen stecken Rosen in Rot und in einem satten Gelb.

Im dritten Zimmer, dem Wohnzimmer, bildet eine gemütliche Sitzgruppe in einem matt-eleganten Rot ein behagliches Zentrum, dazu gehört auch eine in Rot und Grün überzogene bequeme Couch, ein Geschenk der Schwiegermutter – auch diese scheint Mut zur Farbe zu besitzen.

Auch im Wohnraum steht nichts Überflüssiges herum. Bei einer elfköpfigen Familie kann man sich Nippes ohne Funktion schon aus Platzgründen gar nicht leisten. An der Bücherwand aus billigem, jedoch dunkel und deshalb edel wirkendem Holz hängen glänzende Blasinstrumente aus Messing, an und für sich schon Schmuckstücke: Hörner und Oboen. Besonders schön sind zwei Leiern. „Die haben wir selbst gemacht", erzählt Balduin, der Hausherr. Es ist gegen elf Uhr am Vormittag und er hat gerade den Einkauf erledigt, sein Beitrag zum Haushalt in diesem Tag, an dem er bald zum Unterricht muss: Er ist an drei Schulen Musiklehrer und auch Hornist, heute Abend unter anderem in einem Orchester, das im Kurpark den Touristen Wiener Walzer vorspielt.

Es gibt einen Computerplatz und ein Klavier und als attraktivstes Stück eine Harfe. Ist hier eine Musikerfamilie zu Hause, die ihre Kinder schon von klein auf zu Wunderkindern trimmt? Eine Art Trapp-Familie, die demnächst im Fernsehen auftritt? Der Vater sagt Nein, klar und deutlich. Es gehöre einfach dazu, dass ein Kind ein Instrument spielt. Es ist mühsam, solange sie klein sind, aber es lohnt sich.

Der Computer wird vom Vater und von den Großen benutzt; manchmal borgen sie sich eine DVD aus und sehen sich gemeinsam einen Film an. Sie laden sich auch Computerspiele herunter, und wer ihn in der Schule braucht, der hat seinen eigenen Laptop. Ohne geht es anscheinend nicht mehr. Natürlich wird die Elektronik benutzt, dort wo sie Sinn macht. Aber Fernsehen gibt es keines. Warum? Ganz einfach: weil das Fernsehen Zeit frisst. Und weil es Kinder aggressiv macht. Und welches Kind schaut schon selektiv?

Und woher bezieht man dann seine aktuellen Informationen? Es gibt nicht einmal Tageszeitungen in diesem Haus, es sei denn, sie kommen als Leseprobe einen Monat gratis in den Briefkasten, zum Abgewöhnen. „Dieser Vermutungsjournalismus", sagt Balduin. „Schade um die Zeit." Was auf der Welt los ist, hört er im Autoradio, wenn er in die Arbeit fährt. Und Regina überfliegt auf der Straße die Schlagzeilen in den Trafiken und auf den Zeitungsständen, das genügt. Wichtiger ist es ihr, die Kinder zu freien Menschen zu erziehen, wobei ihr die Lehren von Rudolf Steiner eine Hilfe sind.

In dem ersten der kleineren, hofseitig gelegenen Zimmer wohnen die drei älteren Söhne. Drei Betten stehen hier und drei Kleiderschränke, es gibt eine Sprossenwand und andere Trimm-dich-Geräte und natürlich einen großen Schreibtisch. So eng beieinander zu wohnen im Alter von dreizehn, sechzehn und siebzehn? Ohne sturmfreie Bude? Das geht? „Es geht", sagt die Mutter. Sie hält nichts von der Einzelzimmer-Ideologie, die mache aus kleinen Kindern Egoisten, die nie lernten, Rücksicht auf andere zu nehmen. Aber sie ist auch für Rückzugsmöglichkeit: Das muss kein eigenes Zimmer sein, es genügt eine Ecke, eine Höhle, ein Verschlag. Sturmfrei haben es die Großen gemeinsam: wenn sie und ihr Mann an den Wochenenden mit den Kleinen zu Freunden ins Waldviertel fahren.

Im Zimmer daneben wohnt die Zweitälteste mit ihrem Cello, das den Platz der bereits allein lebenden älteren Schwester einnimmt, und sie genießt ihr Einzelzimmer-Privileg. Daneben ist ein großes Bad mit WC, dann kommt schon die Küche. Eine ganz normale Küche mit keinen besonders voluminösen Geräten, bis auf das Backrohr. Hier produziert der Vater Pizza, gratiniertes Gemüse, Schmarren und Auflauf. Aus Platzmangel, aber auch aus finanziellen Gründen wird nicht „groß" eingekauft, weil man bei monatlichen Einkäufen im Supermarkt immer mehr besorgt, als man braucht. Besser ist es, den täglichen Bedarf frisch zu holen. Was koche ich heute? Diese Frage stellen sich Balduin und Regina seit zwanzig Jahren und beantworten sie nach einem im Dreitagesrhythmus abwechselnden Plan: Auf Kartoffeln folgen Reis und darauf Nudeln. Diese drei Beilagen werden in den Status der tragenden Speise erhoben und mit irgendetwas serviert. Heute zum Beispiel gibt es Gemüsesuppe und danach Kartoffelschmarren. Morgen Dinkelnudeln mit Käse und Tomatensoße. Dinkel deshalb,

weil der Jüngste kein Mehl verträgt und keine Milch. Das hat die Kocherei ganz schön durcheinander gebracht.
Und wo schlafen die Eltern? Hinter der Küche, mit Blick auf den Innenhof. Das Schlafzimmer ist so klein, dass nur ein Ehebett hineinpasst mit rundherum einem halben Meter Platz zum Hinein- und Hinaussteigen. Es ist ein sehr intimer und gemütlicher Ort, wo die Eltern vollkommen abgeschieden von der Nachkommenschaft für sich sein können. Von Mitternacht bis halb sieben, dann stehen sie auf. Der Vater bereitet das Frühstück, die Mutter zieht die Kleinen an. Wer zuerst fertig ist, geht hinunter in die Bäckerei, Brot holen. Genau ein Kilo, das wird jeden Morgen vertilgt. Die Kinder verlassen die Wohnung um zehn nach sieben, um mit der Straßenbahn direkt nach Pötzleinsdorf in die Waldorfschule zu fahren, zwanzig Minuten später geht Regina mit den Kleinen aus dem Haus und bringt sie in den Waldorf-Kindergarten. Dort sind sie von acht bis zwölf. Um ein Uhr gibt es zu Hause Mittagessen. Danach gehen die Kleinsten schlafen, die anderen machen die Hausaufgaben. Zuerst kommt die Arbeit, danach das Spiel. Um vier Uhr spätestens geht es ab in den Park. Eine Regelmäßigkeit, die etwas strikt klingt. Ist sie aber nicht, sagt Regina, die es – der Erfolg gibt ihr Recht – wissen muss. Sie sagt, dass kleine Kinder Ordnung brauchen, einen täglichen Rhythmus. Regelmäßige Zeiten fürs Aufstehen, Essen, Schlafengehen geben Grenzen und Grenzen bedeuten Sicherheit. Balduin meint, dass auch Rituale wichtig sind. Abends werden die Spielsachen gemeinsam weggeräumt. Und wenn man fertig ist, gibt es eine Gute-Nacht-Geschichte, das Vorlesen übernehmen auch einmal die Älteren. Manchmal wird gemeinsam gesungen und immer wird gemeinsam zur Nacht gebetet, ein Beten, das den Tag reflektiert und das Wort „Danke" enthält.
Am Sonntag können die Eltern länger schlafen, meist bis sieben. An diesem Tag ist die Familie auch selten komplett. Einige Kinder sind bei den Großeltern, dort gibt es sogar Fernsehen. Die Daheimgebliebenen kommen gern ins Elternbett, danach wird gefrühstückt. Die Älteren schlafen länger, gehen schon ihre eigenen Wege, früher oder später, je nach Temperament. Regina selber wollte schon mit fünfzehn viele Kinder, sie hat sechs Geschwister und sah Kinderreichtum als Lebensziel. Dass es neun wurden, war aber nicht vorauszusehen. Es waren zuerst ja auch nur vier, dann kam eine Pause, dann kam das fünfte, dann wieder eine Pause, und danach wieder vier. Sie sagt: „Es ist ein organisatorischer Sprung von vier bis fünf zu mehr Kindern! Allein das Autofahren wird ein Problem."
Dass Regina so viele Geburten hatte, sieht man ihr nicht an, sie ist schlank und rank wie eine Gerte, trägt Jeans und Pullover, sieht schick aus. Von Beruf ist sie Mutter. Darauf legt sie Wert, auch wenn dieser Beruf in der heutigen Gesellschaft nicht als solcher anerkannt ist. Als die Kinder klein waren, haben sich Regina und ihre Geschwister, die zwischen drei und vier Kinder haben, oft gegenseitig geholfen. Mal hat die eine Mutter die Kinder der anderen mitgenommen, mal umgekehrt. Auch die Eltern halfen mit. Und Rudolf Steiner, der die Familie schon in der vierten Generation prägt. Regina und Balduin besuchten zwölf Jahre lang dieselbe Klasse der Waldorfschule. Sie kennen sich beinah ein Leben lang.

Die robusten Spielsachen aus Holz sind Geschenke, Tausch- oder Leihobjekte.

Die Cello-
spielerin
genießt das
Einzelzimmer-
Privileg.

MIKROSKOP
Elfenland
Ruhmreiches Österreich
Twister
PUEBLO

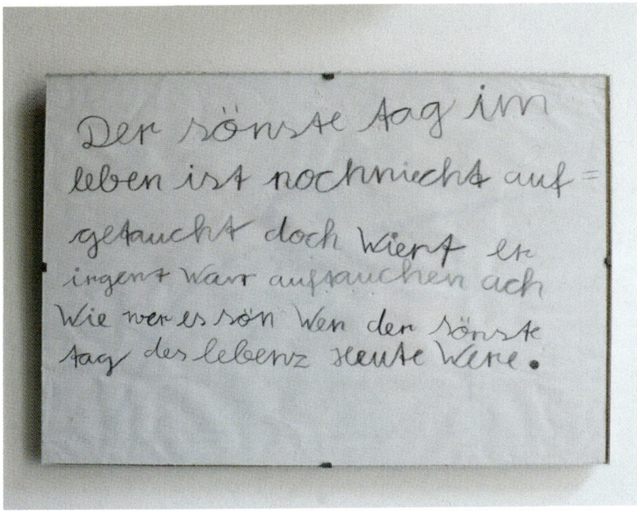

Es wird viel gelesen, weil man überzeugt ist, dass Fernsehen aggressiv macht und Zeit frisst.
—
Jeder spielt ein oder mehrere Instrumente.

Lehrte Rudolf Steiner auch, worauf es beim Einrichten ankommt? Ihre Wohnung wirkt ruhig und harmonisch, man fühlt sich wohl, egal wo man sitzt, egal wie viele Kinder mit Tretrollern, Laufrädern oder Dreirädern durch die Gegend fahren. Die Dinge strahlen positive Energie aus. Regina sagt, dass es keine speziellen Einrichtungstipps gebe, zumindest wisse sie nichts davon. Vielleicht bekommt man das Gefühl in der Steiner-Schule mit. Dort lernt jeder ein Handwerk kennen, sei es Tischlern oder Tapezieren, Schneidern oder Instrumentenbau. Die Kinder stricken Mützen, fertigen Hausschuhe aus Filz und Schuhe aus Leder. Sie machen ein Praktikum in einem Industriebetrieb und in der Landwirtschaft und müssen sich sozial engagieren.

Der Dreijährige ist noch ganztags zu Hause, im Herbst kommt er in den Kindergarten. Er sitzt mit am Tisch und hat die Besucherin lange beobachtet. Irgendwann sucht er dann Kontakt. Er bringt ihr Obst und Gemüse aus bemaltem Holz, er holt ein Tablett, um „Zwiebeln" und „Sellerie" darauf zu legen, und sagt: „Die backe ich jetzt im Rohr." Ein Ärmel der Jacke der Besucherin soll das Rohr sein. Der Kleine schiebt das Tablett ein und dreht am Jackenknopf den Schalter auf. „In Kärnten", erzählt Regina, „gibt es überhaupt kein Spielzeug." Wieso Kärnten? Nun, in Kärnten gibt es das Kontrastprogramm zur Großstadt.

Jede Ferien und jeden Sommer siedelt die Familie ins Maltatal, in den Gössgraben. Womit die Kinder dort spielen? Mit Tannenzapfen, mit Steinen und Holz, mit Rindenstückchen, aus denen sie Schiffchen machen, die im Brunnentrog ihre Kreise ziehen. Es fällt ihnen viel ein: zum Beispiel mithilfe einer Glasscherbe und den Sonnenstrahlen Muster in Holzstückchen zu brennen. Die Familienväter spalten Holz, heizen die Öfen ein, und alle sammeln Heidelbeeren und Pilze und genießen den Luxus des einfachen Lebens.

Wie die beiden ihr Leben finanzieren, will man natürlich auch wissen. Neun Kindern die Möglichkeit zu geben, die private Waldorfschule zu besuchen, neun Kindern einmal ein Studium zu finanzieren, einen Auslandsaufenthalt, Musikunterricht, Tanzstunden – und allein die Betriebskosten für die 195 Quadratmeter große Wohnung? Nun, es geht so recht und schlecht, weil Balduin nicht nur Lehrer, sondern auch „Unternehmer" ist. Seine Tätigkeit als Hornist in einem Orchester wird nämlich als „Gewerbe" eingestuft. Beim Kindergeld macht der Staat zwischen Angestellten und Selbstständigen keinen Unterschied. Doch als „Hausfrau" bekommt man, auch wenn man neun Kinder erzieht, gar nichts. Nach einer Gesetzesänderung gibt es jetzt glücklicherweise zumindest Wohnbeihilfe.

Hat die „Hausfrau und Mutter" Zukunftspläne? O ja, sie würde gerne eine „Elternschule" gründen, ihre Erfahrungen weitergeben, damit es wieder Mut zu mehr Kindern gibt. Sie freut sich ja schon auf Enkel. Und worauf hofft der Familienvater? Darauf, sich eines Tages nicht mehr täglich fragen zu müssen: Was koche ich heute?

Vor vielen Jahren erstanden Kinder und Eltern gemeinsam ein Jagdhütten-Ensemble im heutigen Nationalpark Hohe Tauern.

Natur pur

Eine uralte Almhütte ohne Strom und Fließwasser, ein Bach, eine Wiese, groß wie zehn Fußballfelder. Uralte Bäume, eine Märchenlandschaft fern der Zivilisation. Und ein Plumpsklo. Schönere Ferien kann man seinen Großstadtkindern nicht bieten.

Das Haus steht in einer Gruppe von vier mit Lärchenschindeln gedeckten Blockhäusern und kleineren Nutzgebäuden und gehörte einmal einem Jagdherrn, samt Jagd und Wald rundherum.

Die Häusergruppe ist zweihundert Jahre alt und liegt in eintausend Metern Seehöhe in einem der schönsten unberührten Täler Kärntens: im Gössgraben. Heute ist dieses Tal Teil des Nationalparks Hohe Tauern. Schon Reginas Eltern machten hier Urlaub. Vor sechzig Jahren, als die Wiener Familie zum ersten Mal hier war, führte kein Fahrweg in diese entlegene Gegend, man musste zu Fuß herauf. Das Leben in dieser Einschicht war und ist das vollkommene Kontrastprogramm zum Leben in der Großstadt. Viele unbeschwerte und unvergessliche Sommerferien hat Regina als Kind hier verbracht. Als die Vorbesitzer vor zwanzig Jahren die Jagdhäuser verkauften, taten sich Regina, drei ihrer Geschwister und ihre Eltern zusammen und erwarben das durchaus erschwingliche Anwesen gemeinsam. Regina, die die größte Familie hat, wohnt im größten Haus, dem Haus der Herrschaft, die anderen bewohnen die Häuser des Jagdpersonals. Viele Jahre lang machten die Familien gemeinsam mit ihren kleinen Kindern Urlaub, in der „besten Zeit" spielten und krähten hier vierundzwanzig Kleinkinder, Geschwister, Cousins und Cousinen.

Heute kann man vom Maltatal mit dem Auto bis vor die Haustür fahren, auch im Winter; im Sommer gibt es mäßigen Nationalpark-Tourismus. Es stehen noch ein paar Hütten in der Gegend, alle ohne Fließwasser und Strom. Das macht Regina & Co überhaupt nichts aus. Im Gegenteil: Gerade im Mangel an Zivilisation liegt der Charme, den das Leben hier bietet. Es gibt einen Brunnen mit Quellwasser, in dem man sich wäscht, heißes Wasser bereitet man am Küchenherd. Es gibt einen Bach, der direkt von den hohen Bergen herunter kommt und in dem man im Sommer schon mal eintauchen kann. Walderdbeeren, Heidelbeeren und Pilze wachsen fast bis in die Küche hinein. Am Abend zündet man im Haus die Petroleumlampe an oder man macht draußen ein Lagerfeuer und geht früh schlafen, steht dafür auch früh auf. Aufs Plumpsklo gehen Kinder ohnehin gern. Die Männer spalten Holz, und den Herd und die Kachelöfen einzuheizen ist für jedermann ein Vergnügen.

Ein solches Leben lässt jedes Großstadtwehwehchen zu einer vernachlässigbaren Kleinigkeit schrumpfen.

Aber nicht nur das Wohnen ist ein Abenteuer, auch die umliegende Natur hat viel zu bieten: Ein paar hundert Meter von den Häusern entfernt liegen ebene Wiesen, so groß wie mehrere Fußballfelder. Kleine Bächlein fließen in Mäandern durch das Moos, rundum

grünt und duftet der Wald. Dieser Wald ist eine Besonderheit, weil der Gössgraben ein außerordentlich warmes Klima hat, in dem bis in Höhen von 1500 Meter Laubbäume wachsen. So findet der Spaziergänger hier unweit der Jagdhäuser prächtige Exemplare von Bergahorn, aber auch eine uralte Ulme, eine Rarität, denn Ulmen sind in Europa im Aussterben begriffen, ähnlich wie bürgerliche Familien mit neun Kindern, die ihren Nachwuchs nicht in den x-ten All-Inclusive-Urlaub mitschleppen, sondern ihm viel mehr bieten: nämlich „nichts".

Macht die Familie hier immer noch vollzählig Urlaub? Nicht ganz. Für Halbwüchsige ist es wohl schon ein bisschen zu langweilig in dieser Gegend, das gibt auch Regina zu. Doch für kleine Kinder sind solche Ferien ideal. Grundsätzlich werden keine Spielsachen hierher mitgenommen, die Kinder beschäftigen sich den ganzen Tag in der Natur mit sich selber und mit dem, was es gibt. Tannenzapfen, Moos, Äste, Gras oder Holzstücke sind ihr Spielzeug. Man geht Pilze und Beeren suchen und fällt abends müde ins Bett. In den Winterferien taut man zuerst das eingefrorene Brunnenwasser auf, versucht in ungefähr drei Tagen durch eifriges Einheizen die Bude warm zu kriegen, trägt dicke, selbst gestrickte Mützen auch in der Nacht, geht rodeln und baut Schneemänner und beugt sich sogar der Zivilisation: Das Schigebiet Innerkrems liegt nur ein halbes Stündchen vom Gössgraben entfernt. Und was das Schönste ist: Alle Kinder lieben dieses einfache, naturnahe Leben und freuen sich jedes Jahr darauf.

Regina & Co verbringen ihre Ferien konsequent an diesem, an ein und demselben Ort. Sie meint, dass es nicht nur die Nähe zur Natur ist, die den Kindern gut tut. Sie ist überzeugt davon, dass dieser Ort, in dem die Kinder jedes Stückchen Waldboden kennen, gerade deshalb Geborgenheit gibt. „Wenn man mit kleinen Kindern immer an denselben Ort fährt, an dem sie sich schon auskennen", sagt sie, „erfahren sie Sicherheit. Diese Sicherheit macht sie später zu glücklichen Menschen." ❤

Sie sind ein Power-Couple, zwei, die wissen, was sie gemeinsam wollen. Dass sich ihre Wohnung nicht in einer Reihe von Zimmern verläuft, gar mit Dekor oder anderen Überflüssigkeiten behübscht ist, dass man ihre Wohnung nicht horizontal, sondern vertikal erlebt, versteht sich fast von selbst.

In die
wird K
katior
gescl
großa
grupp
Esstis
Die Fr
führt
Dach
—
Leide
schö

Wer einen Hof erbt, erbt auch Geschichte und Tradition. Kindheitserinnerungen leben wieder auf, besonders dann, wenn die glückliche Erbin bereits Großmutter ist. Seit Jahren renoviert sie ihren Hof in Niederösterreich für sich, ihre Kinder und Enkelkinder, Schritt für Schritt. Ein bewährtes Team an Handwerkern leistet ihr dabei Gesellschaft.

Ein Schubkarren statt einer Skulptur.

Scheiterholz wärmt nicht nur, es sieht auch schön aus, wenn es wie hier gelagert wird.

Der Generationenhof

Erika baute für sich, Kinder und Enkel einen Gutshof aus

**Die Truhe stammt vom Flohmarkt.
In ihr lag ein Liebesbrief.**

Der Hof auf einem Hügel über dem Traisental im niederösterreichischen Alpenvorland fällt nicht auf, trotz seiner stattlichen Größe. Zur Straße hin ist er durch eine Reihe von alten Linden abgeschirmt, auf der Südseite ist er zwar einsehbar, aber dort führt kein Weg vorbei und die grüne Wiese, die sich über den Hügel hinunter ins Tal zieht, gehört der Hofbesitzerin.

Auf dem Gelände gibt es neben einem in L-Form errichteten zentralen Gebäude noch mehrere kleinere Bauten: Werkstätten, Brunnenhäuschen, Scheunen und Schuppen. Es gibt Holzlagerplätze, Streuobstwiesen, Felder und Wald und in der ferneren Umgebung bäuerliche Nachbarn.

Man denkt sofort an Arbeit, wenn man das Terrain betritt. Ein Shangri-La ist dieser Hof nicht, kein Ort zum Faulenzen, eher eine Werkstätte, in der man sich beim händischen Arbeiten vom urbanen Bürostress erholt, um danach den Tag bei einem Glas Most ausklingen zu lassen, in der Küche oder auf einer der zwei Gartenbänke. Mehr gibt es nicht, im Inneren nirgendwo Sofas oder Couches. Und Couch-Potatoes schon gar nicht. Auf diesem Hof ist man aktiv, und zwar seit 1155. So jedenfalls behauptet es die Chronik.

Wahrscheinlich war er ein Wehrhof gewesen, mit einem Wassergraben umgeben. Vom Wasser am Hügel kann die Besitzerin ein Lied singen. Erst im letzten Jahr haben ihre Söhne den Gewölbekeller unter dem Haupthaus trockengelegt. Sie gruben den Keller, der ständig unter Wasser stand, einen halben Meter tief aus und legten rund um alle Mauern eine Drainage, einen Graben, einen halben Meter breit und zweieinhalb Meter tief. Nun rinnt das Grundwasser in einen Teich ab, sogar in den Trockenperioden.

Im Teich hat irgendjemand Goldfische angesiedelt und Wildenten haben Froschlaich verschleppt. Die Besitzerin ist hoch erfreut: Seit Goldfische und Frösche im trüben Wasser schwimmen, sind sämtliche Stech-mücken verschwunden.

Auf einer der zwei Gartenbänke, unten beim Teich vor einem Geräteschuppen, sitzt Erika gerne, lauscht dem Quaken der Frösche und liest ein Buch. Sie beobachtet Kleiber und Buntspecht, Stieglitz und Käuzchen, die in den Linden nisten – und wundert sich. An sündiges Nichtstun hätte sie nie gedacht, damals vor fünf Jahren, als sie sich entschloss, den Hof auszubauen. Jetzt denkt sie sogar schon daran, ihr Büro aus der Wiener Innenstadt aufs Land zu verlegen.

1911 ist der Hof in den Besitz der Familie gekommen, weil der Großvater, Schlosser von Beruf, ein Faible für das Landleben entwickelte. Seither war man an den Wochenenden und in den Ferien immer da. 1945 kamen Flüchtlinge aus Rumänien, Siebenbürger Sachsen, Protestanten wie die Besitzer, und blieben als Landarbeiter, später als Verwalter am Hof. Sie trugen bunte Trachten, bestickte Pelzjacken und Mützen, bunte, weite Röcke, sie waren praktisch veranlagt und fleißig. Und sie handelten nach einem Motto, das Erika noch im Ohr hat: „Wer nicht arbeitet, stiehlt dem Herrgott die Zeit."

Überall wurden die schönen alten Balkendecken freigelegt. Sie geben jedem Raum Charakter und Heimeligkeit.

Erikas „Altenteil-Wohnung“ ist mit selbst genähten Textilien ausgestattet.

In Wien lebte Erika in einem Ambiente, in dem man sich wohlerzogen benahm und diszipliniert. Pünktlich um zwölf und um sieben musste sie zum Essen erscheinen, immer musste sie einem Erwachsenen sagen, wohin sie ging. Am Gutshof aber war sie frei. Alles stand in scharfem Kontrast zu daheim. Dort musste sie mit dem silbernen Kinderbesteck zu weich gekochte Nudeln essen, bei den Siebenbürgern aber durfte sie das große, scharfe Messer benutzen und damit in den Schmalztopf fahren, sie durfte sich selber ein Schmalzbrot streichen und ein Stück Speck abschneiden. Sie erinnert sich noch genau an das Salzfass, in das sie mit den Händen hineingreifen durfte, und daran, wie sich das Salz angefühlt hat.

In ihrer Familie war und ist es Tradition, dass jeder, auch wenn er studiert, ein Handwerk erlernt. Erika zum Beispiel wurde Steuerberaterin, doch sie lernte auch nähen, und zwar akkurat. Auch die Hausmusik spielte daheim eine Rolle, Volksmusik, für die der Großvater, neben der Landwirtschaft, ein Faible hatte. So lernte sie Ziehharmonika, Gitarre und Trompete. Eine Tradition, die sie an ihre Söhne weitergab. Für sie und ihre Familien hat Erika den Hof ausgebaut. Jedes Familienmitglied hat im Haupt- oder Nebenhaus eine eigene Wohnung, und auch die unverheiratet gebliebene Schwester hat ihre eigenen vier Wände.

Jede freie Minute verbringen die Söhne am Hof. Der eine lässt im Wald die Motorsäge singen – rund einhundert Hektar Mischwald und Ackerland gehören zum Gut. Der andere schmiedet Eisen, fährt den Traktor oder den Bagger. Für Ordnung in all den Werkstätten und Garagen sorgt Erika selber, denn sie ist der Chef: Sie sorgt dafür, dass nichts Brauchbares weggeworfen und dass alles selbst repariert wird. Alle Schuppen und Scheunen haben eine Funktion, kein Raum ist überflüssig. Es gibt eine Schmiede, eine Tischlerei, eine Mechanikerwerkstatt, eine Malwerkstatt, ein Lager für Baumaterialien, eine Landmaschinen-Garage, eine Selchkammer, eine Schnapsbrennerei und eine Wagenkammer für die Museumsstücke aus Holz.

Alle Bauteile bestehen aus soliden Materialien: aus handgeschlagenen Ziegeln, aus polierten Steinen, aus Feldsteinen, Eisen und Holz. Meist sind die Materialien alt, stammen aus dem Haus selbst oder aus abgetragenen Gebäuden, nur selten wurden sie durch Neues ersetzt. Neu hingegen ist die Haustechnik und ganz auf Energiesparen und Selbstversorgung ausgerichtet: von der zentralen Holzheizung bis zur Solartechnik. Was fehlt, sind Fernsehapparate. Wer braucht schon einen Fernseher in einem Haus, das ein „work in progress" ist, eine nie enden wollende, immer irgendwo umgegrabene Baustelle, deren Anblick Erika genießt, so wie jemand anderer einen Park oder einen Garten genießt.

Zwei Brunnen versorgen den Hof mit Wasser. Brennholz sowie Bauholz kommen aus dem eigenen Wald, Brennholzstapel gehören zum Bild des Hofes, Öfen und Herde zum Interieur. Erika denkt an die Zukunft ihrer Enkel. Wenn die Energiekosten ins Unermessliche steigen werden, dann wird man auf diesem Hof weiter gut leben können. Andere Frauen mögen vielleicht an einen hübschen Garten oder einen Swimmingpool denken, Erika denkt an ein Hirschengatter, an Waldschweinzucht und an ein kleines Windrad. Windenergie wird von der niederösterreichischen Landesregierung gefördert. Dann wird man völlig unabhängig sein, auch bei der Stromproduktion.

Die Schmiede: Schlossertradition liegt in der Familie.

Wer den Hof einmal übernehmen wird, ist noch nicht sicher. Verständlich. Wer so spät wie Erika ein Erbe antritt (sie war sechzig), gibt es nicht schon mit fünfundsechzig ab. Die Großmutter von sechs Enkelkindern adaptierte als Erstes die Wohnung ihrer verstorbenen Mutter für sich. Sie liegt an der Südseite, im alten Teil des Hauses, im Hochparterre. Eine gemütliche Einraumwohnung voller Lieblingsbücher, Andenken und Fotos und viel Stoff. Fleckerlteppiche, Kissen, Vorhänge und Bettdecken sind selbst gemacht. Das Zerschneiden alter Stoffe für den Fleckerlteppich ist eine Kindheitserinnerung, die Nähmaschine ein permanenter Einrichtungsgegenstand. Über dem Tisch hängt ein moderner Beleuchtungskörper, weil Erika ein Faible für italienische Designerlampen hat. Im Haus gibt es aber auch Lampenschirme aus Stoff, die sie selber genäht hat.

Das Apartment der Hausfrau: nie ohne Nähmaschine.

Besonders hübsch ist die alte Truhe im Vorzimmer. Ein Erbstück? Mitnichten. Erika hat sie in den Siebzigerjahren am Flohmarkt gekauft, um zweihundert Schilling. Als sie die Truhe nach Hause transportierte, öffnete sich durch das Rumpeln in einer Lade ein doppelter Boden. In ihm lag ein alter Liebesbrief von 1884. Sie legte ihn wieder an seinen Platz zurück, dort darf er nun wohnen.
Im Vorraum steht auch ihre neueste Errungenschaft: ein Harmonium aus einem evangelischen Bethaus. Nächste Weihnachten wird man darauf die Weihnachtslieder spielen, und am Sonntag vielleicht ein Kirchenlied. Sie setzt sich ans Instrument, tritt den Balg mit den Füßen und spielt. Alte Zeiten, in denen man auf protestantischen Gutshöfen den Sonntag ehrte, werden wach.
Bei der Führung durchs Haus kommen gleich nach ihrem privaten Wohnraum der Keller und der Dachboden dran. Beide haben den Familien in vergangenen Zeiten als Wirtschaftsräume gedient. Die Selchkammer befindet sich hier oben, Schweinsbäuche und Würste hängen im Rauch. Alles was mit Selbstversorgung zusammenhängt, schätzt Erika: Sie liebt es, für die Arbeiter und die Familie mehrere Tage hintereinander zu kochen, ohne zum Einkaufen in den Supermarkt fahren zu müssen. Sie kocht, was sich aus eigener Ernte, aus Lagerung und Vorrat ergibt: Gebackene Mäuse, Schwammerlgulasch oder Erdäpfelschmarren mit Röhrlsalat (Löwenzahnsalat). Sie kauft dem Nachbarn auch gerne eine Schweinehälfte ab und macht daraus Wurst: Blutwürste, Weißwürste, Bratwürste, Sülze. Dazu gibt es selbst eingelegte saure Rüben. Und Diskussionen, dass die Fetzen fliegen.
Die Küche ist eine ganz normale Bauernküche aus Kiefernholz, mit einer Sitzbank. Hier trifft man sich auch, um die Arbeit zu besprechen. Einige der Handwerker und Bauarbeiter gehören beinahe schon zur Familie, wie der Herr Schwarz, mit dem Erika fast „verheiratet" ist. Er ist ein Allrounder, ein Mann, der ihre Wohnträume in reale Formen umsetzen kann. Es gibt kein Problem, das sie nicht gemeinsam lösen könnten, und, was das Wichtigste ist: Herr Schwarz versteht sie. Wie selbstverständlich schrägt er gerade Kanten ab, schneidet Ornamente in Sandstein und macht aus Mühlsteinen Stufen. Ganz anders als seine Vorgänger, stolze Maurer, die alles, aber auch alles eben und schnurgerade machten, bis auch das natürlichste Material wie Plastik aussah. Beim Bauen gibt es eben immer Konflikte, und in Erikas Fall finden diese zwischen ihr und den Handwerkern statt.
Bei solchen Diskussionen redet Erika kein Ehemann oder Freund drein. Sie lebt schon lange ohne festen Partner, hat das Glück, alleine bauen zu können. Und sie baut mit Leidenschaft.
An der äußeren Erscheinung der Gebäude hat sie nichts verändert.

Neues Detail aus Sandstein – es sieht aus „wie alt“.

—

Für die Feiertage ein Harmonium aus einem evangelischen Bethaus.

Das Herz des Hofes schlägt in der großen, gemütlichen Küche, in der die Großmutter regiert.

Jause: Alle Produkte sind selbst erzeugt.

Hausmusik gehört zur Familientradition.

über Küchenherde, die auch warmes Wasser erzeugen, und ein jeder Herd ist in seiner Art ein Unikat, von Herrn Schwarz aus alten Kacheln und Eisenbauteilen gebaut. Ein jeder kann sich auf diesem Hof in seine Wohnung zurückziehen und seine eigenen Gäste bewirten. Handwerker können hier wohnen, Freundinnen, Bekannte.

Auf dem Hof will Erika alt werden und sich vielleicht etwas verwirklichen, wovon sie schon als Kind träumte: ein Blockhaus. Ein solches passt nicht in die niederösterreichische Landschaft, aber zu ihr. Also will sie es in die Scheune integrieren, damit man von draußen nichts davon sieht.

Sie will auch mehr aus der Landwirtschaft machen, so wie sie es sich vorstellt. Aus den von den Pächtern intensiv mit Weizen und Mais bebauten Feldern werden nun in Eigenregie Wiesen gemacht. Gras wird über den ausgepowerten Boden wachsen, für das Heu gibt es bereits Abnehmer. Und wer das alles bearbeiten wird? Nun, die Söhne und die Arbeiter, und bald werden auch die Enkel größer sein und mitmachen.

Trotz allem: Hier geht es nicht nur ums Tätigsein. Ist man mit einer Arbeit fertig, sei es mit dem Mauern oder dem Himbeeren Entsaften, dann gibt es Feierabend, mit einem deftigen Essen. Bier trinkt man bei Erika nie aus Gläsern, sondern ausschließlich aus Flaschen, wie das unter „Bauarbeitern" eben üblich ist. Danach wird in der großen Küche musiziert, man spielt und singt alte Volkslieder, die man in anderen österreichischen Familien längst schon vergessen hat

Bis ihre Mutter starb, hatte Erika nie daran gedacht, dass sich ihr Leben einmal in diese Richtung entwickeln würde – obwohl sie es sich insgeheim wünschte. Sie baute ihr Buchhaltungsbüro zu einem florierenden Betrieb aus und opferte dafür sogar eine Zeitlang ihre Familie. Sie reiste viel, doch niemals gerne, weil sie Hotelzimmer nicht mag. Als sie einmal Urlaub am Meer machte, merkte sie, dass ihr das Meer nichts bedeutet; der Goldfischteich im Traisental genügt ihr völlig. Dass es so ist, hat sie erst kürzlich wieder gespürt, als sie erstmals ernsthaft krank war. Sie lag in ihrer schönen Wohnung in der Wiener Innenstadt und sehnte sich nach dem Gut. Sie ließ sich hierher chauffieren und in ihr gemütliches Zimmer tragen. Drei Tage später war sie gesund.

In der Stadt fehlt ihr das Landleben, am Land fehlt ihr die Stadt keine Minute lang, am allerwenigsten die Boutiquen, in denen sie früher viel mehr einkaufte als nötig. Jetzt näht sie sich ihre Kleider alle selbst. Beim Nähen kann sie abschalten. Vor zwei Jahren hat sie damit angefangen, sich aus Stoffresten einen Stufenrock in den wunderbarsten Mustern und Farben zu nähen, in Erinnerung an das bunte Gewand der Siebenbürger Sachsen. Dann nähte sie einen Stufenrock für eine Freundin, einen zweiten, einen dritten. Jedes dieser Kunstwerke war auf den Typ der Trägerin abgestimmt.

Erika ist voller Pläne für sich und ihre Lieben. Sie ist keine Freundin, mit der man Smalltalk macht, und keine Oma, die bloß auf die Enkel aufpasst, das wäre ihr viel zu langweilig. Sie ist eine, die für ihre Enkel Zukunft baut. Auch in Erinnerung an ihre eigene, glückliche Kindheit in Freiheit, ohne Fernsehen, Lärm und Konsumzwang. In einem Paradies, nur eine Stunde von Wien entfernt. ❤

Nach Karriereschritten in Amerika und Brüssel richtete sich ein Paar in der Wiener City mit ausgesuchten Designermöbeln ein. Der Anwalt und die Tierärztin wollten das urbane Leben genießen. Kaum war die letzte Armatur montiert, kündigte sich das erste Kind an. Zu Le Corbusier und Luigi Blau gesellten sich Spielsachen und der Alltag änderte sich – zum Positiven.

Cocooning

Jane und Werner, Hausfrau (Ärztin) und Anwalt

Erlesenes Spielzeug, hübsch zum Anschauen, auch für Erwachsene.

Ein lebhaftes Mädchen springt durch die Zimmer und es sieht aus wie eine kleine Ballerina. Ein Baby kriecht über das Eichenparkett und lächelt. Zwischen den geöffneten Flügeln einer hohen, weiß gestrichenen Türe steht ein Paar und sagt: „Willkommen." Der Hausherr entschuldigt sich für die vermeintliche Unordnung und sagt: „Bei uns herrscht, wie Sie sehen, Chaos." Seine Frau nimmt das Baby auf den Arm. Hier ist kein Chaos, denkt die Besucherin. Hier leben glückliche Kinder mit glücklichen Eltern, hier herrscht Harmonie.
Jane und Werner kennen sich seit Ewigkeiten. Sie lernten sich in den USA kennen, dort ist sie zu Hause, dort lebt immer noch ihre Familie, und dort machte er seinen MBA. Die Verliebtheit schlug ein wie ein Blitz. So kam sie mit ihm nach Europa. Bis sie ihre Bleibe in der Wiener Innenstadt fanden, lebten die beiden in Brüssel, wohin ihn sein Job als Anwalt für internationales Recht führte. Sie heirateten sehr jung. Als er merkte, dass er in einer großen Kanzlei nur ein Rädchen im Getriebe war, stieg er dort aus und gründete seine eigene mit eigenen Juniorpartnern im 1. Wiener Gemeindebezirk, am Graben, in einem prächtig gelegenen Penthouse. Auch dort arbeitete er Tag und Nacht, doch nicht mehr für die anderen, sondern für sich selber. Jane schloss mittlerweile ihr in Amerika begonnenes Medizinstudium in Wien ab.
Er war es, der die Wohnung in die Ehe brachte, eine Mietwohnung im zweiten Stock in der Naglergasse, direkt im Zentrum. Seit Jahrzehnten war sie in der Familie. Er war dort geboren worden, danach hatte sein Vater daraus seine erste Kanzlei gemacht. Sie war für das Paar ideal: knapp neunzig Quadratmeter, ein schöner Altbau mit einem Erker und großen Fenstern. Ein Teil der Wohnung führt auf einen Lichthof, auf dieser Seite befinden sich die Gästezimmer und die offene Küche. An der Nordseite, die zur engen und eher finsteren Naglergasse gerichtet ist, liegen ein kleines Schlafzimmer, ein Esszimmer und ein Wohnraum. Bad und WC sind vom Gang aus begehbar. Die gesamte Wohnung wurde teuer mit edlen Materialien adaptiert. Sogar die Heizkörper sind nicht „normal", sondern den alten, klobigen Heizkörpern nachempfunden. Vor dem Montieren wurden sie in silbrige Farbe getaucht, passend zu den matt verchromten Armaturen und zur Haustechnik. Werner wollte es so, denn er ist, wie er gerne betont, Ästhet.
Auch der Beleuchtung hat er große Bedeutung zugemessen. So wurden zum Beispiel knapp über dem Fußboden verdeckte Lichtquellen eingebaut. Sie tauchen die Wohnung, die zur Hälfte ohne natürliches Licht auskommen muss, in eine angenehm freundliche Atmosphäre, weil der Boden indirekt bestrahlt ist. Und auch sie sind schöne und teure Stücke.

Mit Sorgfalt wurden die Möbel ausgesucht, von beiden gemeinsam, obwohl Werner bei der Einrichtung federführend ist. Einige Designerstücke brachten sie aus Brüssel mit, wo sie ein Jahr in einem Loft in einer alten Schokoladenfabrik wohnten. Tisch und Liege sind von Le Corbusier, die Sessel und die beiden Couches aus weißem und schwarzem Leder von Rivolta, die Wassili-Sessel von Marcel Breuer, die Armaturen im Bad von Philippe Starck. Sogar der Couchtisch aus Glas, einer mit scharfen Kanten und Ecken, ist etwas Besonderes: Er wurde vom österreichischen Architekten Luigi Blau entworfen. Diese Stücke wurden alle sorgfältig platziert, meist mittig, so entstand ein wunderbares Gleichgewicht. Auch die Bilder an den Wänden, sie stammen von mittlerweile berühmt gewordenen Künstlern, zeigen, dass der Hausherr schon in jungen Jahren ein Händchen für Kunst hatte.
Das Schlafzimmer wurde in einem Furnier aus tropischem Markassa-Holz gebaut, das an die Siebzigerjahre erinnert, es wirkt lebendig, gemütlich und schick. Diese Wohnung verträgt dunkle, massive Möbelstücke und Einbauten gut, weil die Räume über vier Meter hoch sind. Damit sie nicht zu schwer wirken, hilft auch ein Trick: Man öffnet die großen Flügeltüren zwischen den Räumen. So geht ein Wohnbereich in den anderen über und das stört überhaupt nicht, weil alles so schön und herzeigbar ist.
Dass man aber auch auf das Geld schaut, dort, wo es vertretbar ist, und dass man sich in einer Miet- und nicht in einer Eigentumswohnung befindet, zeigen ein paar Tricks, die jeder, der eine Wohnung eines Tages auch wieder aufgeben will, befolgen sollte: Die wirklich wertvollen und teuren Stücke sind alle „mitnehmbar". Tische, Lampen, Bilder, Objekte lassen sich leicht übersiedeln. Die eingebauten Sachen, zum Beispiel die Küche, sind Fakes, aber so gut gemacht, dass nur Leute es merken, die ein Auge dafür haben. Die sündteuer wirkende Küche im Nirosta-Look etwa stammt aus einem skandinavischen Möbelhaus, allerdings wurde ihr eine maßgeschneiderte edle Arbeitsplatte verpasst. Und auch im Bad hat man – außer bei den Armaturen – gespart. Man hat kleine weiße Fliesen verwendet, die sind immer gut und kosten wenig. Und die Kosten für den schwarzen Granit am Boden sind auf bloß zwei Quadratmetern zu vernachlässigen.
Nach einem Jahr war die Wohnung fertig. Das Paar zog in sein Nest, das ihnen, typischen Yuppies, auf den Leib geschneidert war.
Sie waren nun schon zehn Jahre ein Paar, hatten die Welt gesehen und fühlten sich so wohl, dass kam, was kommen musste, obwohl es nicht geplant war: Kaum waren sie eingezogen, stellte sich das erste Kind ein. Zuerst ging es ja noch, mit dem ersten Baby im hübschen Babybettchen, das neben dem Elternbett stand. Aber dann kamen die Spielsachen: das Schaukelkamel und die Rutsche aus Holz, das Puppenhaus. In die Küche zog der Flaschenwärmer ein, und als nach drei Jahren das zweite Kind kam, musste sein Schwesterchen ins Gästezimmer ziehen. Jane, nun Mitte dreißig, blieb zu Hause und schloss, um nicht ganz weg vom Fenster zu sein, ihrem abgeschlossenen Studium noch ein Doktoratsstudium an. Werner arbeitet nach wie vor zwölf Stunden am Tag, allerdings ermöglichen es ihm die neuen Kommunikationsformen, dies auch von seinem Boot aus zu tun, das am Neusiedlersee liegt. Oder in Kroatien. Er segelt leidenschaftlich gerne. Einen Garten von der Oma, in Sievering, gibt es auch noch, dazu den Burggarten in der Nähe und einen Montessori-Kindergarten für die Kleine, und auch der hat einen Garten. So gibt es im urbanen Leben der Familie auch Sonne und Grün. Dass es für die Kinder, wenn sie etwas größer werden und herumtollen möchten, nicht ideal ist, das wissen die beiden, und sie sind auch schon am Suchen. Im 14. Bezirk gebe es etwas, das scheine interessant. Ein paar Familien haben sich dort am Waldrand niedergelassen, erfolgreiche Leute, die unkonventionell leben, mit irgendwelchen Möbeln, die alles andere

Das Töchterchen malt gerne Heftchen an.

Designertisch von Luigi Blau, kantenverstärkt.

—

Lederbezogene Möbel kann man leichter reinigen als solche aus Stoff.

Kindersachen überall, Papas Akten sind im Büro, und Mama pfeift auf eine Karriere. Im gegenwärtigen Lebensabschnitt ist sie Hausfrau.

—

Aus dem Gästezimmer wurde ein Kinderzimmer mit vielen Spielsachen.

—

Schaukelkamel statt Schaukelpferd.

als designed sind. Sogar Werner denkt, weil er seine Kinder so liebt, an eine solche Lebensform.
Jane ist ganz zärtliche Mama, und dass die Familie ihr Wichtigstes ist, spürt man sofort. Auf ihren Wunsch wurde auch ein Klavier angeschafft, auf dem nun beide Eltern spielen, ein schönes, schwarz lackiertes Pianino, bei dem man mit einem elektronischen Gerät den Ton leise stellen kann. Sie sind Anfänger und spielen gemeinsam einfache Sachen nach einfachen Noten. Sie spielen, um sich zu entspannen, um zu genießen. Aber auch, um die Kleinen mit einem Instrument vertraut zu machen.
Jane will den Kindern viel Liebe geben, weil diese Phase ihres Lebens nun eben die Familienphase ist. Danach wird man weitersehen. Das Leben, so ist sie überzeugt, spielt sich in Abschnitten ab, und in jedem gibt es Prioritäten. Jetzt sind die Kinder dran und nicht der Beruf. Um diesem aber langsam ebenfalls Raum zu geben, stellt sie sich ein Haus vor, in dem sie unten ihre Praxis hat und oben die Familie lebt. Jeder Lebensabschnitt braucht eine andere Umgebung, für Amerikaner ist das selbstverständlich, die ziehen öfter im Leben um. Und denken dabei immer praktisch. So hat sie mit Werners Einverständnis den Luigi-Blau-Couchtisch, dieses kinderfeindliche Glas mit den scharfen Kanten, nicht in ein Depot gestellt, sondern die Kanten mit Schaumstoff und Klebeband umwickelt, das Werner beim Segeln verwendet.
Jane stillt den Kleinen noch immer, und seit sie denken kann, isst sie vegetarisch. Das Töchterchen allerdings ist, wie man so sagt, ein Fleischtiger. Also wird man sich auch darauf einstellen. Oder auf die Geschichte mit dem Fernsehen. Da sagen die doch im Montessori-Kindergarten, Fernsehen sei schlecht! Wie soll Jane, die offenbar ohne Schaden mit dem 24-Stunden-Fernsehen aufgewachsen ist, das verstehen? Sie versucht es mit Fernseh-Reduktion. Und die schöne, mit weißem Leder bezogene Couch? Wie kann man denn die Kinder von ihr fernhalten? „Kein Problem", sagt sie „das weiße Leder ist toll, man wäscht es einfach ab." Wenn Werner nach einem Zwölfstundentag nach Hause kommt, hat sie für ihn Zeit, Sanftmut und Bewunderung. Und er findet die Spielsachen, das Schaukelkamel, die Tiere, die Rutsche wunderschön. Das von seiner Frau bemalte Puppenhaus ist beinahe ein Kunstwerk zu nennen.
Diese Art zu leben, nennt man in Amerika „Cocooning", ein zufriedenes, bürgerliches Familienleben. Bei uns hieß es früher Biedermeier, und Biedermeier ist es, im positiven Sinne, geblieben: auch wenn man sich in Designermöbeln einrichtet und an der Wand statt eines kleinen Waldmüller ein großer Arnulf Rainer hängt. ❤

Süße Viecher.
—
Heizkörper in Silber, zur Haustechnik passend.

Ein Filmemacher und Weltenbummler **lernte bei Dreharbeiten in Albanien die Dolmetscherin am Set näher kennen und lieben. Gemeinsam zogen sie in seine Heimat, wo sie Fotografie studierte. Sie teilt sein abenteuerliches Leben und hat gemeinsam mit ihm ein altes Haus eigenwillig renoviert. Es steckt voller Reiseerinnerungen.**

Rund und bunt

Anita und Diego, Fotografin und Filmemacher

Das Haus von Anita und Diego steht in Niederösterreich nahe der Donau auf einem Hang am Waldrand. Im Parterre lebt man in Nachbarschaft mit dem Wald, vom ersten Stock aus sieht man hinunter auf den Strom und seine Auen. In dem Haus lebten drei Familien, für die war es zu klein geworden. Damals bestand es aus vielen kleinen Räumen, auch der Dachboden war ausgebaut und beherbergte einige Mansardenzimmer. Doch mit einiger Phantasie konnte man sehen, wie es wäre, wenn man aus drei Wohnungen eine machte. Diese Phantasie hatte Diego, als er das Haus vor vier Jahren entdeckte.
Seine Lebensgefährtin hat der Kärntner bei Dreharbeiten in Albanien kennen und lieben gelernt, als sie als Dolmetscherin am Set beschäftigt war. Diego ist Kameramann, Filmemacher und leidenschaftlicher Globetrotter. Er dreht in der ganzen Welt Werbefilme, Spielfilme und Dokumentationen und teilt es sich, wenn es geht, so ein, dass er seine Arbeit mit dem Reisen verbinden kann. Er reiste früher oft alleine; nun durchstreift Anita mit ihm zusammen die Welt. Bis sie einundzwanzig war, und das ist noch nicht so lange her, hatte sie nur Albanien und dort auch nur Tirana und die Umgebung gekannt.
Anitas Familie lebt noch in Albanien und kann nur unter Schwierigkeiten ausreisen. Deshalb fährt sie manchmal hin, aber nicht nur aus privaten Gründen: In Albaniens Bergen fotografiert sie den archaischen Alltag der Dorfbewohner, vielleicht wird ein Buch daraus, ein Ausstellung bestimmt. Und glaubt man ihren Erzählungen, dann ist es im Land der Skipetaren mindestens ebenso interessant wie in Indien oder Argentinien.

Arbeiten und Reisen miteinander zu kombinieren, dieses Muster hat sich für das Paar bewährt. Sie sind mit öffentlichen Verkehrsmitteln unterwegs, mit Bussen, mit dem Zug, mit Rikschas. Und sie schlafen in kleinen Hotels und Pensionen – so lernt man Land und Leute am besten kennen. Von ihren Touren bringen sie immer irgendetwas mit, Schmuck, Muscheln, Fliesen, Steinchen, Textilien. Etwas Kleines, das wenig Platz im Gepäck einnimmt und wenig wiegt. Diese kleinen Teile werden in ihr Haus integriert. Auf jedem Quadratmeter findet sich irgendein Mitbringsel, das an eine Reise erinnert.
Viele Monate seines Lebens verbrachte Diego in Südamerika, in Argentinien, Brasilien, Mexiko, Guatemala, Belize, und in Indien. Und nun hat er sein Nest an der Donau gebaut, an einem Fleck, an dem man manchmal glaubt, in Kärnten zu sein, mit Blick auf die Drau-Auen oder einen kleinen Südkärntner See. An Kärnten erinnert auch vieles in seinem Haus, vor allem der Blick in den Kühlschrank oder in die Speisekammer. Dort hängen lauter heimatliche Köstlichkeiten von der Decke, etwa harte Jausenwürstel und Gailtaler Speck. Auf den Regalen stehen die Gläser mit dem Birnen- und dem Zwetschkenkompott, das die Kärntner Großmutter einkocht, und im Tiefkühlfach lagert der Reindling, ein traditioneller Kärntner Hefe-Kuchen. Das alles verbindet sein Haus mit seiner alten Heimat, die die beiden öfter besuchen. Dort, in Oberkärnten, wo Diegos Eltern eine Almhütte besitzen, gibt es eine kleine, feine Säge, die Gebirgslärchenholz nach Wunsch zuschneidet. Alle neuen Holzböden im Haus, Bauteile, die ergänzt werden mussten, und einige selbst gebaute Möbel stammen von dort.

Kein Muster gleicht dem anderen, jedes ist handgemacht.
—
Die Fliesen sind Mitbringsel aus der ganzen Welt.
—
Es geht sich gut auf 1500 lackierten Dachbodenziegeln.

Schwechater Bier
Schwechater Bier

Sie liebt Rot,
er mag Gelb.

Diego ist handwerklich geschickt, er hat bis auf die Elektroinstallationen bisher fast alles selbst gemacht. Eine Zeitlang wurde er von einem Fachmann unterstützt, dessen Haupttätigkeit am Anfang ihrer Arbeitsbeziehung das Kopfschütteln war. Solche seltsamen Wünsche waren ihm noch nie untergekommen: Statt Kanten so gerade und scharf wie möglich mit der Spachtel zu formen, musste er sie abrunden; statt Wände aus Gipskarton zu errichten, musste er sie abreißen und dabei helfen, Bögen zu formen; statt möglichst glatte Wände zu erzielen, musste er ihnen Nischen mit Bögen, Dellen und anderen Ungereimtheiten verpassen. Heute ist dieser Fachmann im heimatlichen Dorf ein bestaunter Exot, weil er bereits umsetzt, was er bei seinem österreichischen Freund gelernt hat: dass es beim Wohnen nicht auf glänzende Fliesen und protzige Luster aus falschem Messing, sondern auf die Ausstrahlung der Räume ankommt, auf menschliche Proportionen, Raumgefühl, Wärme und Heimat.

Dass dieses Haus ein kuscheliges Nest ist, ahnt man gleich beim Betreten und vermutet als Besitzer einen ebenso kuscheligen Hausherrn. Doch im Gegenteil: Er ist klein, drahtig und braun gebrannt. Fettanteil Null. Diego trägt ein bunt gemustertes Tuch um den Kopf gebunden und sieht aus wie eine Mischung aus Extremsportler und Künstler. Anita, die uns im Flur empfängt, trägt eine Art Sari, Schmuck im Haar, an Armen und Fesseln und gleicht eher einer indischen Tempeltänzerin als einer bergfesten Albanerin.

Diese Mischung aus Bergwelt und Exotik prägt das ganze Haus. Sie beginnt schon im Eingang, in der „Kitschecke", in der ein indisches Leuchtbild mit Motiven der Hindu-Götter und eine blinkende mexikanische Madonna hängen. Es duftet nach Räucherstäbchen. Man blickt auf einen weiten Wohnraum, spärlich möbliert, mit einem wunderschönen alten, im Fischgrätmuster verlegten Eichenparkettboden. Er war in Teilen schon im Haus, wurde aber, weil das Haus feucht war, entfernt, ein Jahr im Schuppen getrocknet und danach neu verlegt. An der Wand steht ein alter Kachelofen aus großen grünen Kacheln, er ist noch funktionstüchtig und gar nicht hässlich, doch wird er bald abgetragen. Hier soll eine kuppelförmige Ofenlandschaft entstehen, mit Nischen und Bänken.

An einem Ende steht schräg ein massiver, mexikanisch wirkender Esstisch, umgeben von spanischen Stühlen mit kuhfellbezogenen Sitzflächen, jede ein wenig anders. In diesem Haus entsteht Wärme nicht nur durch eine Heizung, sondern auch durch Farbe, Material, Oberfläche und Form. Den beiden ist einfach nicht kalt! Zu jeder Jahreszeit sieht man sie barfuß durchs Haus gehen – die Fußbodenheizung macht es möglich, vor allem in der Küche. Die ist zum Wohnraum hin offen, zum Teil gemauert, nur ihre Fronten sind eine Ausnahme: Sie stammen aus einem skandinavischen Möbelhaus. Der Boden besteht teilweise aus wiederverwerteten alten Ziegeln und aus etwas dünneren Dachbodenziegeln. Sie wurden schräg verlegt und lackiert.

Vom Wohnraum ist die Küche durch eine kleine Theke aus dunklem, exotisch gemasertem einheimischem Zwetschkenholz und eine gemauerte Säule abgetrennt, an der man lehnen und den Köchen beim Werken zuschauen kann. Küchenschränke gibt es keine, dafür viele Mauernischen und Regale, in denen Kochgeschirr und Besteck, Porzellan und Gläser griffbereit stehen und liegen. Fliesen aus vielen Ländern dieser Welt bilden ein buntes Muster an der weißen Wand.

Für alles im Haus wird weniger Geld als Zeit verbraucht. Lange denkt man über die Lösung eines Problems nach, lange wird an Details getüftelt. So viel wie möglich wird selbst gemacht und wenig Teures dazugekauft. So gibt es zum Beispiel nirgendwo eine teure Leuchte. In der jeweiligen optischen Raummitte hängen Ventilatoren von der Decke, die sich auch im Winter drehen, um die

Marmorierte Anstriche: Die Farbe wird mit Tüchern und Schwämmchen aufgetragen und teilweise mit Wasser und Weiß verdünnt.

—

Der Boden ist aus Kärntner Gebirgslärchenholz.

—

Aus dem Dachstuhl eines alten Oberkärntner Stadels baute der Hausherr den Arbeitstisch.

Nischen statt Kästchen.

Wärme und den Räucherstäbchen-Rauch zu verteilen. Die Appliken an den Wänden und in den Nischen sind selbst gefertigt, aus Reisemitbringseln, zum Beispiel Tonscheiben aus Albanien oder Holzgitter aus Indien.

Durch einen von Hand geformten tragenden Bogen ist der Wohnraum vom Arbeitsraum optisch getrennt, dessen Boden mit Lärchenbrettern ausgelegt ist. Sie stammen von der kleinen Säge aus Oberkärnten und wurden in verschiedenen Breiten aus den Stämmen geschnitten. Keine Maserung wiederholt sich, die Farbgebung changiert in natürlichem Rot und Gelb, zwei Farben, die das ganze Haus prägen. Die schönen Holzregale an den Wänden wurden nach Maß für DVDs, Drehbücher, Bücher, Film-Accessoires und Kameras angefertigt. Ein Prachtstück ist der großzügige Arbeitstisch, auf dem der Filmemacher an den modernsten Computern seine Filme schneidet, archiviert und an dem auch Anita kreativ tätig ist. Diesen Tisch hat Diego selber aus dem Dachstuhl eines alten Oberkärntner Stadels gebaut, der abgetragen wurde. Ein charaktervolles Ding mit Streben und Balken, das auf Rädern bewegt werden kann.

Meist dominieren warme Farben – Diego liebt Gelb, Anita liebt Rot, und manchmal treffen sie sich in Orange. An manchen Wänden ist die Farbintensität durch eine Marmorierung abgemildert. Auch das haben sie selber gemacht. Dabei wird der Verputz rau strukturiert mit einem breiten Pinsel aufgetragen. Zum Auftragen der Farbe verwendet man dann ein Tuch oder einen Schwamm, mischt an manchen Stellen etwas Weiß oder Wasser unter die Farbe und experimentiert so lange, bis das Ergebnis gefällt.

Im Haus gibt es zwei Badezimmer, ein abgeschlossenes im Parterre und ein zum Schlafraum hin offenes im ersten Stock. Das Bad im Parterre verfügt über eine großzügige Dusche, die mit bunten Fliesen und Fragmenten ausgestattet ist.

Im ersten Stock befindet sich ein weiteres Arbeitszimmer, für die Buchhaltung. Kreativ gearbeitet wird im Parterre. Es gibt ein Jugendzimmer unter der Dachschräge, in dem Diegos erwachsene Tochter wohnt, wenn sie zu Besuch ist. Westseitig liegt das große Schlafzimmer des Paares mit einem weiteren selbst gebauten Möbelstück, einem Pendant zum schönen Arbeitstisch im Parterre: dem Bett. Es verbreitet Harmonie, obwohl die Matratze in einem breiten Massivholzrahmen nicht mittig, sondern leicht schräg versetzt liegt. Das gibt dem Ganzen einen interessanten, spannenden Kick. Das tiefe, warme Rot für den Schlafraum hat Anita ausgesucht; damit die Farbe glänzte, wurde Firnis darüber gestrichen, so wirkt das Rot frisch.

Auch hier wie im Rest des Hauses steht kein einziger Schrank herum. Dafür gibt es begehbaren Stauraum, eingebaut in die Dachschrägen, vom Schlafraum durch eine Schiebewand abgetrennt, die aus einem Lärchenrahmen und Bambusstäben besteht. Die Lärchen stammen aus Kärnten, der Bambus vom Garten-Großmarkt. Dafür sind die Türgriffe aus Indien, mitgebracht von der letzten Reise.

Im Bad im ersten Stock fassen Fliesen aus Argentinien und von den Kanarischen Inseln eine große Wanne ein, die mit Massagedüsen und anderem Luxus versehen ist. An der Wand hängen hie und da kleine Gebilde aus Muscheln und statt Fliesen sind an manchen Stellen Muscheln in Beton gelegt. Das ist Anitas Beitrag zur Hausgestaltung.

Wie lange der Umbau gedauert hat? Zwei Jahre. Anita war mit dabei, von Anfang an, es ist ihr gemeinsames Werk. Nur eine „Störung" fällt dem kritischen Betrachter auf: Es sind die Fenster aus weißem Kunststoff. Wie kann man, fragt die in Hundertwasser-Zeiten aufgewachsene und ökologisch gebildete Besucherin, in einem Naturhaus Plastik verwenden? „Tja", meint Diego, „indem man auf die Brieftasche schaut." Ein erfolgreicher Filmemacher und Abenteurer bleibt eben gerne auf dem Boden der Realität, in der Kunststofffenster bei weitem ökonomischer sind als Holzfenster.

Obwohl auch die Ökonomie in diesem Haus wundersame Wege geht. „Demnächst", sagt Anita, „wollen wir nach Marokko reisen. Wir brauchen nämlich einen niedrigen Tisch mit einer runden Platte aus getriebenem Messing. In Wien kostet so ein Tisch viel zu viel." ❤

Sie ist Grafikerin, Illustratorin und Papiermacherin. Ihre Themen und Materialien entnimmt sie der Natur und ihrer Umgebung. Am liebsten illustriert sie Kinderbücher. Kein Wunder, dass das kleine Anwesen, auf dem sie lebt, so märchenhaft und lebendig ist wie ein Bilderbuch.

Familiäre Geborgenheit unter der alten Tramdecke.

—

Die alten Sessel stammen aus einem Schanigarten.

Im Schneiderhäusl

Renate, Illustratorin und Papiermacherin

Der kleine Ort im niederösterreichischen Mostviertel war bis vor einigen Jahren nur jenen bekannt, die dort oder in der Nähe zu Hause sind. Jetzt kennen ihn viele Kinder und Menschen aus der ganzen Welt. Die Kinder fahren in den Schullandwochen hin, an Kinderbüchern Interessierte kommen auf Besuch oder Leute, die ein Papiermacher-Workshop buchen: Sie kommen wegen Renate, der Papiermacherin und Buchillustratorin. Und es wird wohl keinen unter ihnen geben, der sich nicht in das Schneiderhäusl verliebt, jenes Haus, in dem Renate wohnt, und in die Werkstatt, in der sie arbeitet.

Beide Gebäude, Haus und Werkstatt, haben eine ungewöhnlich charmante Gestalt. Das Dach des Hauses sitzt wie eine überdimensionierte Haube auf einem ebenerdigen, gemauerten Teil. Und die Werkstatt ist ein Schuppen, ehemals Schweinestall und Heuboden, schmal und hoch und, obwohl uralt, durch die großen Glasfenster sehr modern wirkend. Haus und Schuppen wurden von der Hausherrin in ihrer Einzigartigkeit erkannt und einfühlsam renoviert.

Wäre es nach den Gemeindepolitikern gegangen, die in Österreich bekanntlich die erste Bauinstanz sind, so stünde das Haus nicht mehr, zumindest nicht in seiner ursprünglichen Form. Kaum hatte es Renate gekauft, bekam sie den Abbruchbescheid. Wegen Baufälligkeit. Drei Bauverhandlungen musste sie über sich ergehen lassen, bis der Sachverständige in der vierten Verhandlung entschied, dass sich das Haus reparieren lasse. Ihr fiel ein Stein vom Herzen, denn sie hatte sich ja in das Haus verliebt und nicht in das Grundstück. Das liegt nämlich nicht sonderlich günstig: mitten im Ort, in einer Mulde unter der Straße, die über dem Haus eine Kurve macht.

Schon von außen stellt man fest, dass hier jedes Detail mit Liebe renoviert wurde. Zum Beispiel die schöne alte, ocker und gelb gestrichene Haustür, die bleiben durfte, obwohl sie nicht ganz dicht ist. Die Fenster, die nach dem alten Muster neu in Holz gebaut wurden, wurden der zweifarbigen Tür angepasst. Isoliert wird das Haus in traditioneller Weise: Säuberlich aufgeschichtetes Scheiterholz wärmt die Mauern von außen. Auf einer Gartenbank vor dem Haus, umgeben von blühenden Stauden und Buchs, kann der Besucher warten, falls die Hausherrin nicht daheim ist, und sich gleich ein wenig umsehen.

Der mit vertikal angebrachten Brettern verkleidete Schuppen wirkt mittelalterlich, obwohl er mit modernen Materialien ergänzt und mit großen Fensterflächen aufgebrochen wurde. Dort befindet sich im Erdgeschoß die Papierwerkstatt, deren „Abwässer" in einem unterirdischen Becken aufgefangen und zum Gartengießen verwendet werden. Über eine Außenstiege, die zu einer Galerie führt, gelangt man zum Atelier im ersten Stock, wo die Illustrationen

Bücherecke für Leseratten, die Raritäten mögen.
—
Der ökumenische Herrgottswinkel.

entstehen. Behälter aus rostfreiem Stahlblech begrenzen die Galerie nach außen, Verstrebungen aus Stahlseilen verleihen der Konstruktion des Glasdaches darüber einen leichten, luftigen Charakter.
In den Behältern wachsen Lilien, die, wie Blumen überhaupt in diesem Ensemble, ein Teil der Architektur sind. Deshalb ist auch der Garten zwischen dem Wohnhaus und den Werkstätten als Wohnraum zu betrachten, aber auch als Arbeitsraum im Freien.
Er ist Nutzgarten, Blumengarten und Wassergarten zugleich, denn Renate ist Gärtnerin aus Leidenschaft. Sie bezieht ihn mehr als alles andere in ihr tägliches Leben ein.
Noch bevor die Hausherrin vor die Tür tritt, läuft ein lustiger schwarzer Hund heraus, Schnuffel, ein beinahe reinrassiger Portugiesischer Wasserhund. Stürmisch begrüßt er die Gäste, Renate muss beschwichtigen. Sie erzählt, dass Wasserhunde ausgezeichnete Schwimmer sind und zu den ältesten Hunderassen der Welt gehören. In früheren Zeiten halfen sie den Fischern im Atlantik, zum Beispiel indem sie Haifische rechtzeitig witterten. Doch im Schneiderhäusl ist dies anders, da ist niemand, der die Goldfische vor Schnuffel warnt. Aber es scheint nicht so schlimm zu sein:
Sie vermehren sich wacker. Für das ferne Meer fand der Hund auch schon einen Ersatz: die Melk oder kleine Bäche in der Umgebung, in die er sich genüsslich hineinlegt. Im Garten hat er den flachen Teil des Teiches für sich. Wie die Figuren, die Körbe, die Besen und Kochlöffel, die auf dem Areal an „ihren" Orten zu finden sind, ist er ein Teil, derzeit wohl Protagonist, in einem lebenden Bilderbuch.
Schon das Entree im Wohnhaus ist märchenhaft. Die kleinsten Kleinigkeiten sind mit Sorgfalt arrangiert und ausgesucht: Stofftiere, Spazierstöcke und Schirme, Federn statt Blumen, Vorzimmermöbel aus altem Holz, ein Schemel, eine Bank und die Tür, die den Blick auf Wohnzimmer/Stube freigibt. Dort fällt sofort der prächtige Tisch auf, groß wie ein Scheunentor. Das ist er auch – allerdings nur ein halbes. Eine Scheune in der Umgebung war baufällig, das Tor aber nicht, und sofort erkannte der geschulte Illustratorinnenblick, dass es eine ideale Tischplatte abgeben könnte: „Der ist für zwölf Personen. Für meine Familie." Denn an „Familie" wird bei Renate immer gedacht, obwohl sie Single ist. Ihre Eltern, ihre Onkel und Tanten und ihre zwei verheirateten Schwestern mit Kindern leben alle in der Nähe.
In einem Korb auf dem Tisch liegen bunte, mit Papier überzogene Eier. Einige sind selbst gemacht, andere stammen von Renates Asien-Reisen, vorwiegend aus Japan, wo sie erst kürzlich war, um sich in Sachen Papier weiterzubilden. Ihre Vorliebe für Asiatisches zeigt auch der „ökumenische" Herrgottswinkel, wo neben einem barocken Herrgott, den sie am Sperrmüll gefunden hat, und einer Madonna, die sie von einem Nachbarskind geschenkt bekam, auch

Essbares, liebevoll verpackt.

Die schöne alte Tür durfte bleiben, obwohl sie nicht ganz dicht schließt.

Asiatisches von Buddha & Co zu sehen ist. Auf einer Kommode liegen ihre zuletzt erschienenen Bücher, eine Auswahl von Märchenbüchern und Bildergeschichten für Groß und Klein.

In dem großen Raum mit den kleinen Fenstern fällt der Blick auf die schöne Tramdecke und auf die selbst genähten Vorhänge, deren Farben wunderbar zu den Kleidern der Künstlerin passen. Hübsch sind die Thonet-Stühle, die einmal in einem Gastgarten standen, die Tulpen, die in einer nach oben zu breiter werdenden Vase locker auseinander fallen, und die avantgardistische Tischleuchte, ein italienisches Designerstück von Mendini. Manchmal passen Alt und Neu eben wunderbar zusammen. Unter der Tischbank steht eine Kiste mit den Spielsachen für Schnuffel – danach zu schließen muss er eine Art Montessori-Hund sein.

Der zentrale Deckenbalken über dem Tisch ist mit Kerbschnitzerei geschmückt, die noch im Original erhalten ist. Der Schnitzer hat hier neben Ornamenten auch ein Lebensbäumchen hinterlassen, das Unendlichkeit symbolisiert. Und eine Jahreszahl: 1811.

Man kann annehmen, dass die Tramdecke aus dieser Zeit stammt, das Haus aber ist mit Sicherheit älter, es stammt etwa aus dem Jahr 1700. Und warum heißt es Schneiderhäusl? „Das ist komisch", meint Renate. „Hier lebten nämlich mehrere Generationen einer Schusterfamilie. Aber vielleicht haben diese Schuster ursprünglich die Schuhe nicht genäht oder genagelt, sondern das Leder zugeschnitten."

An der Wand steht ein funktioneller, weiß gekalkter Ofen. Er macht es in der Übergangszeit im Raum gemütlich und heizt in kalten Wintern dazu. Heizkörper sind keine zu sehen: Renate hatte sich beim Umbau für eine Niedrigtemperaturheizung in der Wand entschieden. Damit traf sie gleich zwei Fliegen auf einen Schlag: Sie musste die Plätze an der Wand unter den Fenstern nicht mit Heizkörpern verschandeln und konnte die große Eckbank direkt an die Wand stellen. Und jeder, der jetzt dort sitzt, spürt sich von den Schultern bis zu den Füßen von zarter Wärme umgeben. Wo die Böden aus Holz sind, wird die Wand beheizt, sind sie mit Steinplatten ausgelegt, befinden sich die Heizschlangen im Boden.

Der Hauptraum mündet in eine praktische Küche, in der es nach Kuchen duftet und in der das Küchenwerkzeug so attraktiv wie das Geschirr ist. Kochlöffel, Quirl, Schöpflöffel oder Schüsseln stammen aus aller Herren Länder, die Küchengeräte sind neu und topp. Renate bäckt gern, diesmal gibt es Rhabarberkuchen, der Rhabarber ist aus dem Garten. Klar! Bis vor kurzem hatte sie sogar noch Enten und Hühner und konnte mit den eigenen Eiern backen. Seit Schnuffel im Haus ist, hat sie die Haltung dieser Tiere aber aufgegeben. Was hingegen Gemüse anbelangt, ist sie Selbstversorgerin. Der Garten hatte sogar Priorität, als sie vor etwa fünfzehn Jahren ein Haus suchte und sich, nach zwei Jahrzehnten des Stadtlebens in Wien, für das Landleben in Niederösterreich entschied. Denn auch in Wien hatte sie nie ohne eigenes Gemüse gelebt, hatte Tomaten in Kübeln in Hinterhöfen gezogen und sich sogar einmal den Kauf einer Waschküche auf einem Dach überlegt, mit riesigem Dachgarten.

In den Hang hinein gebaut und doch trocken sind die Nassräume. Es gibt zwei Badezimmer, eines mit Wanne und eines mit Dusche, und ein Klo, in dem man keine Zeitung zur Unterhaltung braucht: Der Boden ist interessant genug. Hier wie in allen Nassräumen ist er mit von Hand bekanteten indischen Steinplatten ausgelegt, die in vielen Farben schimmern. Jede Platte ist anders, einige haben sogar Muster, die Pflanzen erkennen lassen. Auch Abstellflächen sind aus diesem Stein gemacht, darauf liegen Findlinge, etwa Steine oder Muscheln, von der Hausherrin dekorativ platziert. An Kleinigkeiten entdeckt man die Meisterin, wie zum Beispiel an einer Deckenleuchte, die nach oben leuchtet, deren Lichtkegel aber nicht auf die Balkendecke, die das Licht schlucken würde, sondern auf ein Aluminiumblech trifft, wodurch das Licht auf angenehme Weise nach unten reflektiert wird. „Wir haben", sagt Renate, „hier etwas länger experimentiert."

Das „Wir" kommt öfter vor, besonders dann, wenn es um liebevoll gemachte Tischlerarbeiten oder um geniale Lösungen geht. Wer „wir" ist, will die neugierige Besucherin wissen, denn die Hausherrin lebt zurzeit alleine. Die Antwort lautet: „Hans." Er ist ein alter

Jause im Freien.
—
Die Farbe der Fenster wurde der Haustüre angepasst.

Freund aus dem Nachbarort, Förster von Beruf, Handwerker aus Leidenschaft. Nicht nur Holzmöbel, auch Konstruktionen aus Stahl und Glas macht er selber; die Galerie stammt von ihm, der Tisch aus dem halben Scheunentor und vieles mehr. Er macht Schinken, Speck und Schnaps, zieht Tomatenpflanzen und backt Brot. Den Taschenfeitel, der sogar mageren harten Hirschenschinken wie Butter schneidet, hat er auch hergestellt. Der Griff ist aus dunklem Zwetschkenholz, die Schneide stammt von einem alten Sägeblatt.
Die Speisekammer des Schneiderhäusls ist angenehm temperiert, weil die Tiefkühltruhe genügend Wärme absondert. Hinter ihr, durch eine Tür abgeschlossen, befindet sich der kalte Keller, wo die Gemüse vom Herbst bis ins Frühjahr überwintern. Hier bekommen die Karotten und die Rüben essbare Triebe, hier hängen die Schinken von Hans und die Äpfel aus dem eigenen Garten halten vom Herbst bis zum nächsten Sommer.
Auf den gegenüberliegenden Seiten des großen Zentralraums gibt es noch zwei Schlafzimmer, eines für Renate und eines für Gäste. Die Einrichtung und Ausstattung ist eine Mischung aus gepflegtem Handwerk und alten Einzelstücken. Der Blick ins Fotoalbum zeigt: Nach Abschluss der Bauverhandlungen wurde das Haus mit den alten Materialien, jedoch mit neuer Technik versehen beinahe komplett renoviert. Drei Jahre lang hat das gedauert. Der gesamte Dachstuhl ist neu, wurde aber haargenau abgemessen und dem alten nachempfunden. Der Dachboden wurde für einen Ausbau tauglich gemacht, alle Installationen sind schon vorhanden. Ebenerdig wurden die Böden herausgenommen, das Erdreich abgegraben, die Mauern trockengelegt. Ein Teil der alten Bretter wurde wieder verwendet. Der Putz wurde von den Wänden abgeklopft, die Fensterstöcke neu gemacht. Nichts von den alten Materialien hat man weggeworfen. Die Gartenwege zum Beispiel sind mit jenen Flusssteinen gepflastert, aus denen die Mauern waren. Das Haus war ursprünglich aus den runden Steinen der Melk erbaut worden, die man mit Mörtel verbunden hatte. Wiederverwertet hat Renate auch Materialien, die von woanders stammen, etwa Eisenbleche, mit denen die Gemüsebeete eingefasst sind. „Der Garten ist Teil meiner Arbeit", sagt Renate. Er ist Arbeitsraum, wie die Papiermacherwerkstatt oder das Atelier.
Diese beiden übereinander liegenden Räume werden von einem Kachelofen erwärmt, den Renate in der Papierwerkstatt beheizen kann. Dort steht außer der Presse, dem Ofen und den Regalen ein großer Arbeitstisch, unter dem das Wasser durch einen Lattenrost wegrinnen kann. Auf den Arbeitsflächen sieht man neben verschiedensten handgeschöpften Papieren und vielen Entwürfen Pflanzen und Blätter, die sie in ihre Papierarbeiten einbindet. Gepresste Blüten sind auch in ihren Buchillustrationen zu finden, oder besonders schönes Papier, zu dem sie eine Affinität hat. Lesen und Blättern in Büchern, die oft Raritäten sind, ist für sie Arbeit und Vergnügen zugleich. Oben in ihrem Atelier gibt es Berge von Büchern, neben ihrem Arbeitsplatz ebenfalls, dazu eine Bücherecke, wo Leseratten schmökern können.
Aber nicht nur dort kann man es sich gemütlich machen, auch unten im Garten. Vieles ist hier sowohl schön als auch nützlich. Ein Apfelbaum wächst aus einem Tisch, man braucht ja immer Flächen, auf denen man Schachteln und Geräte ablegen oder Geschirr abstellen kann: eine Art Freiluft-Anrichte. Daneben hat Renate einen Schanigarten-Tisch gedeckt, es gibt Kaffee und Rhabarberkuchen. Schnuffel liegt brav auf dem Gras und bettelt überhaupt nicht. Er ist wohlerzogen. Ihn wohlzuerziehen, das war angeblich nicht ganz einfach. Renate meint, Erziehung brauche eben Zeit und Beobachtung. So hat sie Schnuffel lange beobachtet und aus ihm beinahe schon einen Zirkushund gemacht. Sie sah, wie er über Hindernisse sprang und sich flach unter Zäunen durchdrückte. Also steckte sie beim Spazierengehen Hundekekse ein und belohnte ihn nach solchen Turnübungen. Heute kann der zweijährige Hund durch Reifen springen, unter Brettern durchrobben und sich auf einem Stuhl umdrehen. Ob Schnuffel demnächst der Star eines Kinderbuches wird? Könnte sein, sagt seine Wohngenossin. Das Zeug dazu hätte er ja.

Brennholz ist die beste Isolation.
—
Die alte Haustüre: ocker und gelb gestrichen.
—
Schnuffel, beinahe ein Zirkushund.

Die Schauspielerin und der Tänzer wohnen einander gegenüber. Er, der Zen-Asket, in seiner japanisch-redzierten Tatami-Wohnung, sie, die Südländerin, in einem romantischen Gartenhäuschen. Mal war sie bei ihm, mal war er bei ihr. Seit Töchterchen Laura auf der Welt ist, hat sich der Wohnschwerpunkt spürbar verlagert.

Eins und eins ist drei

Sarah und David, Paar mit einem Kind, getrennt lebend

Draußen im Helenenbad – die ehemaligen Umkleidekabinen werden heute bewohnt.

Wo soll man anfangen? Bei Sarah oder bei David? Oder vielleicht bei Laura, der kleinen Tochter der beiden? Sie hat das Leben des Paares ganz schön durcheinander gebracht. Beide sind starke Persönlichkeiten. Obwohl es auf den ersten Blick aussieht, als wäre David der Stärkere: der Kopf kahl rasiert, die Figur gezähmte Energie, der Blick ein wenig diabolisch. Sarah hingegen ist, altmodisch ausgedrückt, voller Liebreiz: langes dunkles Haar, weiße Haut, eine zarte Gestalt. Laura hat die Haare der Mama, Augen wie zwei schwarze Oliven, einen Kirschmund. Das Temperament hat sie vom Papa.

Wenn auch nur eine Straßenbreite entfernt voneinander, leben doch ihre Eltern in zwei Wohnungen. Aber das weiß Laura noch nicht, sie wird von beiden geküsst, gedrückt und geliebt. Sie leben getrennt und sind dennoch eine Familie. Wie soll so etwas gehen? David versucht eine Antwort zu geben: „Liebe ist Ehrlichkeit, auch wenn es weh tut." Ob Sarah das gehört hat? Sie läuft gerade der Kleinen nach, die ist schon wieder durch das Fenster auf die Veranda geklettert.

Wir besuchen zunächst ihre Wohnung. Gäste sind immer bei ihr, weil sie aus ihrer Heimat weiß, was Gastfreundschaft ist. Wir sitzen in der Veranda, die ist innen weiß, außen grün gestrichen und stammt noch aus der Zeit um 1900. Viel Grün rundherum, bei den Nachbarn: Sievering, ein Vorort am nordwestlichen Stadtrand von Wien.

Hier fängt die Geschichte an, vor fünfundzwanzig Jahren. David war Schriftsetzer bei einer Tageszeitung und auf der Suche nach einer Wohnung. Die Druckfahnen bekam er naturgemäß immer früher zu Gesicht als die Leser die Zeitung, und so fand er auf der Immobilienseite als Erster die besonders günstigen Angebote.

Eine Wohnung wurde angeboten, zu einem sensationell niedrigen Mietpreis, beste Lage. Nichts wie hin! Am schönsten war der Blick in den verwilderten Garten. Hier lasse ich mich, das spürte er, für immer nieder. Die sitzende Arbeit machte ihn unglücklich.

Als ein Freund ihn ins Theater mitnahm, wo man den „Gaulschreck im Rosennetz" aufführte, heuerte er schon am Tag darauf beim Theater an. Er kündigte seinen gut bezahlten Schriftsetzer-Job und wurde Schauspieler und Tänzer. Diesen Beruf behielt er, auch wenn er nach einigen Jahren das Theater verließ und es mit einer eigenen Truppe versuchte, die sich dem Butoh-Tanz widmet.

Sarah, Tochter portugiesischer Gastarbeiter, kam mit ihrem Freund von Deutschland nach Wien, beide waren Schauspieler. Der Hochzeitstermin in Portugal mit dem Freund stand fest, das Brautkleid war in Arbeit und 120 Einladungskarten beinahe schon verschickt. Sie fanden nie ihren Weg zum Postamt, denn bei einem Spaziergang an der Alten Donau verliebte sie sich in den um vierzehn Jahre älteren, verrückten, gern wunderbare Geschichten erzählenden David. Sie entschied sich für ihn, obwohl bei ihm von Heirat keine Rede war. Das war vor sieben Jahren.

Auf der Veranda.
—
Die Hausfrau ist eine Sammlerin, gerne sammelt sie Körbe.

Sarah suchte und fand eine Wohnung in Davids Nähe, schräg gegenüber, auf Nummer 116 – Sechs ist ihre Glückszahl. Es war eine Wohnung in den Umkleidekabinen des ehemaligen Helenenbades. Schon der Eingang in den Garten durch das schwere Gittertor berührte ihre romantische Seele. „Die will ich haben!", rief sie. David brummte: „Bist du dir sicher, es ist viel zu renovieren?" Doch sie hatte Vertrauen in ihn, wusste, welch geschickter Handwerker er ist und dass er etwas daraus machen könne – was er auch getan hat. Er verlegte und schliff die Böden, montierte Paneele, stellte Mauern auf, malte aus, baute ein Hochbett und vieles mehr. Einen Meter tief hat er in der Küche den Boden abgegraben. Dabei fanden sie zwei kleine Flaschen, die seither einen Ehrenplatz haben. Die fünfundfünfzig Quadratmeter große Wohnung besteht aus drei Räumen: Küche mit eingebautem Bad, Wohnzimmer, Schlafzimmer, dazu ein WC. Die Räume haben große Fenster hin zur verglasten Veranda, die im Winter die Kälte abhält und sich im Frühjahr mit Licht und Wärme füllt. Die Tür von der Veranda zur Küche steht offen, ein großer runder Stein, grau mit weißen Streifen, funktioniert als Türstopper. Den fanden sie auf ihrem ersten gemeinsamen Urlaub in Portugal an der Atlantikküste. Sie sammelten Steine am Strand und sortierten sie abends wieder aus, bis nur wenige übrig blieben. „Sammeln macht Spaß, mehr Spaß hat man jedoch, wenn man die Dinge wieder los lässt", sagt David. Er spricht aus Erfahrung. Schon als Junge fing er zu sammeln an wie wild, seine Sieveringer Wohnung wurde bald zu einem Lager für Jugendstil. Nach fünf Jahren verkaufte er alles am Flohmarkt. Danach sammelte er Art déco, wohnte damit und verkaufte es wieder. Auch die Fünfzigerjahre kamen dran; einmal besaß er sechs Gaggia-Kaffeemaschinen, aber nur vorübergehend. Er kennt jeden Flohmarkt, als Käufer und Verkäufer, er kennt alle Tricks.

Die Fläschchen wurden beim Umgraben gefunden.

Bunte Teetassen vom Flohmarkt.

Auch Sarah liebt Flohmärkte, auch sie ist eine leidenschaftliche Sammlerin. Die Armaturen in beiden Wohnungen zum Beispiel fand sie in der ehemaligen Liesinger Brauerei, wo ein ständiger Flohmarkt eingerichtet ist, um sechzig Euro statt um sechshundert – so viel kosten sie neu. Die bunten Teetassen, die weißen Gasthaus-Teller, die Obstschüsseln, das Besteck, die Korbteekanne, der Pfauenfächer, viele der hübschen Sachen in Sarahs Wohnung – alles vom Flohmarkt. Gezahlt hat sie dafür immer wenig, denn David ist ein Meister der Überredungskunst. Die Glasfliesen waren ein Restposten, von dem so viel da war, dass er gleich beide Bäder, seines wie ihres, damit auskleidete. Die Glasbausteine, die als Wand ihr Bad von der Küche trennen, bekamen sie geschenkt. Sie entdeckten sie beim Joggen in den Weinbergen auf dem Schutthaufen einer Baustelle, voller altem Wandverputz und Lack. Den Lack hat Sarah von den Steinen gekratzt und abgeschliffen. Jetzt sehen sie wie neu aus und bringen Tageslicht in das kleine Badezimmer, in das man über drei Stufen hinauf geht. Es war ihre Idee, den Boden zu erhöhen und die Wanne in den Boden einzulassen. Das Podest haben sie aus Ytong-Steinen gebaut, die Wanne aus Zement geformt, damit sie diesen hübschen Schwung hat. Die hellblauen Mosaiksteinchen eigneten sich gut, um die Rundungen auszukleiden. Auch bei David drüben ist die Wanne aus diesen Steinchen gemacht, die Wanne allerdings ist quadratisch.
Als David das Theater verließ, begann er sich handwerklich zu betätigen, noch vor der Zeit mit Sarah. Vom Möbelbau bis zur Malerei lernte er lauter nützliche Dinge. Er lernte auch, seine Bedürfnisse zu reduzieren, und zwar auf ein Minimum. Er wandte sich dem tibetischen Buddhismus zu, auch dem Zen-Buddhismus. Seine Wohnung räumte David aus, auf den Boden legte er acht Tatami-Matten und eine Steppdecke, auf der er schlief. Er besaß einen einzigen Schrank, fünf Schalen, drei Paar Stäbchen, sonst nichts, keinen Tisch, keine Stereoanlage, keine Buddhafiguren. Bücher borgte er sich in der Bibliothek aus. Die Wohnung beheizte er mit einem Ofen, für den er im Wienerwald Holz sammeln ging. Er fastete, meditierte. Drei Jahre lang hielt er durch. Auch Sarah fastet hin und wieder, drei Wochen lang trinkt sie nur Gemüsebrühe und Saft. Sie genießt das Fasten-Gefühl, es sei eine Reise ins Ich. Ohne Einkaufen habe man so viel Zeit, zum Lesen, zum Spazierengehen, zum Singen. Apropos einkaufen: Könnte nicht David mal kurz …? Es fehlt noch Milch, Kräutertopfen, es fehlen Kartoffeln und ein Bund Dille.
Sarah liebt und sammelt Kochbücher und kocht auch danach. Für die Besucher bereitet sie gerade eine Räucherlachsroulade mit einem „kleinen Gurkensalat" zu, danach gibt es Hähnchenspieße mit Kartoffelsoufflé. Neben ihren Kochbüchern besitzt sie unzählige Rezepte, die sie aus Zeitungen schnipselt. Eine Zeitlang schrieb sie auch Rezepte ab. Aber das war alles, bevor Laura kam. Damals lebte sie mit David auch drüben. Drei Tage war sie dort, drei Tage war er hier, so ungefähr lief das. Jetzt ist vieles anders. Manchmal sieht sie ihn tagelang kaum. Aber auch sie war jetzt weg; vier Wochen war sie mit der Kleinen bei ihren Eltern in Deutschland, bei ihrer Familie, die teilweise noch in Portugal ist. Eine bunte, mediterrane Familie kann David ihr nicht bieten. Doch sie hat liebe Nachbarn und Nachbarinnen hier. Die Umkleidekabinen des Helenenbades beinhalten fünf Wohnungen, in denen interessante Leute leben. Es gibt Freunde, mit denen man sich trifft, und Feste, zu denen sie die Kleine mitnehmen.
Das halbe Wohnzimmer ist voller Spielsachen und überall gibt es liebe kleine Dinge: bunte Decken, Polster mit Blumenmuster. Und Spitzen. Portugiesinnen lieben Spitzen, die häkeln und klöppeln sie auch selber. Es sind Erbstücke, Geschenke ihrer Tanten und ihrer Großmutter. „Dennoch", sagt Sarah „habe ich mein

Rezepte, mit dem Gänsefederkiel abgeschrieben.

Sammelsurium hier stark reduziert, damit David sich hier wohl fühlt. Obwohl es mir schwer fällt, mich von Dingen zu trennen."
In der Küche ist alles liebevoll platziert: hier ein rosa Schirmchen von einem Eisbecher, dort eine Dose für Seidenzuckerln. Die Kredenz hat Sarah weiß gestrichen, sie gehörte zur Wohnung. Die Obstschalen sind wunderhübsch arrangiert. Und dann die vielen Körbe! „Ich habe einen Korbsammeltick." Auf dem Küchentisch liegt zu Ehren der Besucher eine traumhafte Spitzen-Tischdecke. Die Küchenbank in leuchtendem Blau wirkt sehr portugiesisch. Ist sie von dort? „Nein", sagt Sarah. Ein Nachbar hat sie ihr geschenkt, die Bank ist aus Wien. In den Doppelfenstern stehen zwischen zarten Vorhängen Gläser und bunte Flaschen. Alles ist malerisch, auch der Stuhl mit den geschnitzten Lehnen – er stand bei einem Altwarenhändler. Natürlich ist es ein bisschen voll hier, aber fröhlich. Die Sammelleidenschaft hat sie wohl von ihrer Mutter, sagt Sarah. „Aber gegen ihre Wohnung ist meine fast leer."
Was ist, wenn aus der Schauspielerei vielleicht einmal nichts mehr wird? Sie träumt von einem kleinen Lokal, in dem sie Snacks, Pastetchen und Röllchen, Petit Fours, selbst gemachte Marmeladen und portugiesischen Sherry verkauft. Ein Lokal mit ein paar kleinen Tischen, jeder anders. Mit weiß gestrichenen Möbeln, buntem Porzellan, einer Verkaufstheke aus Glas. Auf den Tischen bunte Blumen. Wenn sie plant, wirkt Sarah durch und durch „deutsch". Die ersten fünf Jahre ihres Lebens hat sie in Portugal verbracht, aufgewachsen ist sie in Deutschland, mit zwanzig kam sie nach Wien. Ist sie Deutsche, Portugiesin, Österreicherin? „Ich denke auf Deutsch", sagt sie, „aber meine Wurzeln sind in Portugal."
Es ist Zeit für den Fotografen und die Besucherin, mit dem Hausherrn quer über die Straße nach „drüben" zu gehen. In seine Enklave, wo der Glückliche leben kann wie ein Mönch. „Nur wer allein sein kann mit sich, kann mit jemandem anderen zusammen sein", sagt er, kaum sind wir angekommen. Jetzt habe er für Sarah in der Bibliothek ein tolles Buch ausgeborgt: „Simplify your life" heißt es. Das müsse er ihr dann bringen. Da steht genau das drin, was er seit Jahren macht. Nichts Überflüssiges ansammeln.
Neben dem Teetisch am Podest in der Küche steht eine schöne Schüssel aus Korbgeflecht. Was ist da drinnen? Er öffnet den Deckel und sagt: „Salz". Strahlend weiße Kristalle. Er sammelt Salz, wenn er am Meer ist. Ist es nicht wunderschön? Dann überlässt er Küche und Badenische dem Fotografen.
Seit 1997 ist seine Wohnung so wie jetzt eingerichtet: japanisch, oder vielmehr: dem Japanischen nachempfunden. Er ist in Sachen Japan gut bewandert, fünf Jahre teilte eine Japanerin mit ihm die Wohnung. Tatami-Matten auf dem Boden im Wohnraum und auf dem Podest in der Küche, wo der Teetisch steht, für die

Laura: ein Energiebündel.
—
Der figurative Küchenboden ist aus Bruchquarz und Marmor.

Tatami-Matten,
in Japan das Maß
für die Wohnung.

Salz aus Griechenland – ein Tasterlebnis.

Die kleinen Mosaiksteinchen eigneten sich gut, um die Wanne auszukleiden.

Teezeremonie, wo aber auch Gäste schlafen können. Im Vorzimmerschrank liegen die Futons eingerollt, griffbereit für den Besuch. Im Wohnraum liegt nun auch ein Futon, nicht mehr die spartanische Steppdecke. Wenn David hier schläft, dient er als Bett, tagsüber als Sofa. Es gibt einen niedrigen Arbeitstisch und einen passenden Stuhl, dem David die Beine abgesägt hat, damit alles schön japanisch niedrig ist. Es gibt wieder Bücherregale und ein paar eigene Bücher, obwohl er die meisten Bücher immer noch ausleiht oder gebraucht im Internet kauft. Und dann ist da eine perfekte, selbst gefertigte Einbauküche aus schönen Spanplatten, aus denen ist auch drüben bei Sarah das Klo ausgekleidet.
Als Dusche baute David sich eine Art Wanne, die er auch als Sitzwanne benutzen kann, wie die Japaner. Zuerst spült man den Schmutz ab, dann setzt man sich ins warme Wasser.
In dieser Wohnung, aber besonders in der Küche, hat alles seine Ordnung, jedes Tuch, jede Schale hat ihren Platz. Alles ist ökonomisch durchdacht und griffbereit. Das komme, meint David, von seinem erlernten Beruf als Schriftsetzer, wo man sehr genau sein müsse. Klarheit schaffe Überblick, Unnötiges lenke nur ab.
Auch ein Blick in den Schrank zeigt Ordnung: Fein säuberlich sind die gebügelten Kleidungsstücke griffbereit zusammengelegt.
Für kleine Kinder ist diese Umgebung, in der alles so japanisch niedrig untergebracht ist, die Bücher, die CDs, der Laptop, der Altar mit den kleinen Buddhafiguren, nicht geeignet. Schon gar nicht für Laura. Sie ist erst zwei, doch schon ein ganzes Tanztheater: Sie tanzt, kaum hört sie Musik, sie dreht sich wie ein Kreisel. Sie kugelt herum, springt, klettert. Zur Ruhe kommt man neben ihr nicht.
Am liebsten hilft sie beim Abwasch. Der dauert dann dreimal so lange; die Mama hat ihr dafür aus Plastik ein rotes Kleid genäht.
Wir gehen ins Wohnzimmer mit den Tatami-Matten, haben die Schuhe schon ausgezogen. David trägt die japanischen Zehensocken mit den dazu gehörigen Sandalen, steigt mit den Fersen voran auf die Matte, wie ein echter Zen-Mönch. Auf einem Tischchen stecken vier Federn in einem Tuffstein, sie zeigen in die vier Himmelsrichtungen, sind von Perlhuhn, Habicht, Taube und Falke. Die Energie in diesem Raum ist wunderbar. Wenn man hier meditiert, ist man nach einer Stunde frisch, wenn man hier schläft, regeneriert man sich in einer einzigen Nacht. „In der Ruhe liegt die Kraft", sagt David. Dann hockt er sich auf den Schemel vor den Laptop. Sagt, er müsse nur kurz in seine E-Mails schauen, und vergisst seine Umgebung. Volle Konzentration. Ruhe breitet sich aus. Die Besucherin legt ihren Notizblock zur Seite und kuschelt sich in den Futon. Sie hört noch die Kamera klicken, dann schläft sie ein.
Als sie aufwacht, hocken zwei Männer neben ihr, links der Hausherr, rechts der Fotograf, und meditieren. Aus einer Wandnische lächelt ein kleiner Buddha. ❤

Die Installationswerkstatt des Vaters war ihr Kinderzimmer. Blechreste, Winkeleisen und Lötkolben waren ihr Spielzeug. Ein Grafiker und ein Industriedesigner renovierten ihre erste eigene Wohnung gemeinsam, schick, preiswert und ungewöhnlich. Einer der Brüder ist zur Freundin gezogen, einer blieb.

Die Wohnwerkstatt

Heinrich, Grafiker

Diese Wohnung ist cool, geradlinig und klar, wie ihr Bewohner.

➔ Die interessante Skulptur auf dem dänischen Designer-Couchtisch ist eine Kurbelwelle. Sie stammt von Heinrichs erstem Auto, einem VW Derby. Die beiden anderen Skulpturen im Wohnzimmer, eine anmutige runde Figur und eine ebenso anmutige schlanke Figur, hat Heinrichs Schwester geschaffen, eine Bildhauerin. Der junge Mann hat fünf Geschwister und fast alle haben in ihrem Berufsleben eine technisch-künstlerische Richtung eingeschlagen: Heinrich ist Grafiker, sein jüngerer Bruder Conrad, mit dem er in dieser Wohnung eine Zeitlang zusammenlebte, ist Industriedesigner, der jüngste Bruder will Städteplaner werden. Eine zweite Schwester ist Illustratorin, nur die dritte fällt aus dem Rahmen: Sie ist Klosterschwester. Prägend für die Kinder war die Werkstatt ihres Vaters, eines Heizungstechnikers, spezialisiert auf Spezialanfertigungen und komplizierte Anlagen. Spielsachen bauten sich die Geschwister selber: aus Rohren, aus Filmdosen, Blechresten und Winkeleisen.
Heinrich lebt und arbeitet in einer Wohnung am Spittelberg. Nachdem er Textildesign und Werbegrafik studiert hatte, war er Angestellter in einer Firma. Vor einiger Zeit sagte er sich dann: „Ich probier es alleine. Wenn ich es in zwei Jahren schaffe, mir einen guten Kundenstock aufzubauen, dann bleibe ich selbstständig."
Bei einem solchen Lebensentwurf lassen sich Privat- und Arbeitsleben zeitlich nicht trennen. Heinrich denkt an die Lösung eines Problems, wenn er einschläft, und wenn er aufwacht, schon wieder. Er entwirft alles für eine Firma: vom Logo bis zur Hinweistafel. Gedanken- und Schreibtischarbeit sind aber nur ein Teil seiner Tätigkeit; viel lieber setzt er seine Ideen an Ort und Stelle um, mit den eigenen Händen. Seine Kunden kommen aus dem Bereich, der auch privat sein Hobby ist: aus der Welt der Autos und Motorräder, der Straßen und der Garagen, der Abgase und der Müllentsorgung.
Heinrichs Wohnwerkstatt liegt im dritten Stock eines Gründerzeithauses ohne Lift. Im Jahr 2000 ist er hier mit seinem Bruder eingezogen, nicht weit vom Betrieb und der Wohnung der Eltern entfernt, in einem jungen, aktiven Viertel der Stadt. Kaum geht man aus dem Haus, ist man schon mitten unter den Beiseln und den kleinen Geschäften, die Design und Kunsthandwerk verkaufen.
Als er und sein Bruder die Wohnung fanden, gefiel ihnen dreierlei: die Lage, die Räume und der Preis. Die abgewohnte Mietwohnung war unglaublich günstig, und sie ist es für diese „In"-Gegend heute erst recht. Schon aus diesem Grund möchte Heinrich sie behalten. Doch er ist auf der Suche nach Arbeitsräumen, die er mit dem Bruder gemeinsam nutzen will.
Was ist es denn, was ein Grafiker heute so braucht? Er braucht doch nur einen Computer und eine Website und einen großen Tisch – glaubt der Laie. Doch Heinrich braucht auch Platz für jene Dinge,

Die Bogenlampe, von den Eltern der Freunde ausgemistet, passt wunderbar.

—

Der Gummibaum wirkt hier gar nicht „bieder“.

Zartes Grün am Flohmarkt-Stuhl setzt einen behutsamen Farbakzent.

—

Die Kurbelwelle ist schön wie eine Skulptur.

die ihn inspirieren, zum Beispiel Kolben oder Kurbelwellen. Und zweitens Materialmuster, mit denen seine Entwürfe umgesetzt werden: Bleche, Anstriche, Folien und Farben. Denn was er produziert, ist keine Eintagsfliege für eine Website, sondern ein Schild, eine Aufschrift oder eine Werbetafel, die eine Lebensdauer von mindestens zehn Jahren haben sollen.

Die Werkstattwohnung besteht aus drei nebeneinander liegenden Räumen: Arbeitsraum, Wohnzimmer, Schlafzimmer; betretbar sind sie von einem Gang aus, der zu einer offenen Küche führt. Von den drei ostseitig gelegenen Räumen aus blickt man auf ein kitschig gelb gestrichenes Biedermeierhotel, was Heinrich stört, weil er diese satte, aufdringliche Farbe nicht mag. Er mag Grau in allen Schattierungen, reine Farben überhaupt nicht, Mischfarben verwendet er nur spärlich. In dieser Farbkombination ist auch seine Wohnung gehalten, deren Grundton weiß ist.

Die gassenseitig, im Osten gelegenen Räume mit den großen Fenstern sind angenehm hell, die links vom Gang liegenden Räume dunkel. Die Küche wirkt relativ finster, weil das einzige Küchenfenster in einen Lichtschacht führt und weil man sich hier nicht bemüht hat, Tageshelligkeit vorzutäuschen. Wozu auch? Diese Küche wird vor allem am Abend und wenn, dann für Feste genutzt. Sie hat einen Boden aus alten Ziegeln, neu verlegt und lackiert, und offene Regale aus Locheisen, selbst zusammengebaut. Und sie hat einen Küchenblock, der jeder sündteuren Küche Paroli bietet: zwei zusammengeklebte Spanplatten, im Baumarkt nach Maß zurechtgeschnitten und mit Nirostablech beklebt.

Gegen die Dunkelheit im Gang hilft die Beleuchtung. Die Badezimmerwand ist nämlich ab Schulterhöhe aus Milchglas, das von innen beleuchtet wird, darum wirkt diese hohle Glaswand wie ein Lichtband. Die Spiegelwand, die im Inneren des Badezimmers dem Lichtband gegenüber liegt, sorgt dafür, dass dieses Licht doppelt wirkt. Der Waschtisch ist aus reinem Beton, mit einem Spezialwachs eingelassen, und auch der Fußboden im Bad ist aus Ausgleichsmasse und Beton, der einen Schwimmbadanstrich bekam. Die Duschnische aus mit Nirostablech beklebten Platten ist natürlich selbst gebaut. So wie auch die Armaturen selbst gemacht sind: aus Aluminiumrohren, mit Schlitzen für das Wasser. Das Badezimmer wurde nach einer Idee von Heinrichs Designer-Bruder konzipiert.

Alle Räume sind hoch, darum gibt es über dem Bad Stauraum, in dem Möbel und Schachteln verschwinden. Auch der Warmwasserspeicher ist in diesem Stauraum untergebracht, und die Therme in der Küche ist besonders klein. Technische Details wie diese tragen des Vaters Handschrift. In den übrigen Räumen wurde nirgendwo etwas eingebaut, die ursprünglichen Proportionen sind geblieben, weil sie so schön sind: hohe, quadratische Räume mit schlanken Fenstern und Flügeltüren. Der Stuck an der Decke ist original, die Rosetten in der Mitte blieben, wie sie sind, versehen bloß mit nackten Glühbirnen oder ganz ohne Lichtquelle. Es gibt genügend Auslässe und Möglichkeiten für indirektes Licht, das man in Dachrinnen, Kotflügeln oder ähnlichen Beleuchtungsschirmen verstecken kann.

Den gesamten Umbau haben die Brüder, assistiert vom Vater und von Freunden, selber durchgeführt, bis auf die Elektroinstallationen. Es war viel an Zeit und Geld zu investieren, denn die Wohnung war seit Jahren unbewohnt gewesen. Tapetenfetzen hingen von der Wand, die elektrischen Leitungen waren kaputt, die schönen Türen ramponiert. Also stand im heutigen Arbeitszimmer vor sieben Jahren eine Betonmischmaschine. Vierzig Säcke Zement schleppte man herauf. Gemeinsam wurde betoniert, verputzt, gestemmt, angepackt, gelacht und auch viel gefeiert. Die Regale wurden teilweise hier zugeschnitten und zusammengebaut: Sie bestehen aus Locheisen und aus Platten aus dem Baumarkt. Auch der schicke Arbeitstisch ist selbst gemacht und kommt von dort. „Geht ganz leicht", meint Heinrich und lässt jeden vor Neid erblassen, der für so etwas im Büromöbel-Shop sicher 2000 Euro hinlegt.

Schränke gibt es in keinem der Räume, nur ein paar weiße Kommoden aus einem billigen Möbelhaus. Wenn er hier nur noch wohnen und nicht arbeiten wird, will Heinrich sie entfernen. Er mag gerne nackte Wände. Alles, was mit „Wohnen" zu tun hat, ist sehr reduziert. Auch die Heizung. Wer Heinrich im Winter besucht, trägt am besten einen warmen Mantel: Heinrich hat gerne einen kühlen Kopf. Was nicht heißt, dass er es am Körper nicht warm mag. Die zwei Couches in Hellgrau und Dunkelgrau im Wohnzimmer sind schick, bequem – und warm, da mit einem samtähnlichen Stoff bezogen.

Fundstücke, billig Gekauftes und Geschenke peppen die Wohnung auf. Die Bogenlampe aus den Sechzigerjahren hat ein Freund mitgebracht, der Drehstuhl mit dem erbsengrünen Skai-Bezug ist vom Flohmarkt, ein kleiner Farbakzent im grauen Wohnraumalltag, wie ihn Heinrich liebt.

Die mit Dampf betriebene Espressomaschine auf dem Kachelofen stammt aus einem ehemaligen Kino in der Nussdorfer Straße.

Um Kaffee zu erzeugen, muss man den Hebel nach unten ziehen; dazu braucht man etwas Übung. Heinrich übte und ließ den Hebel zu früh los, sodass er nach oben schnellte und ihm am Kinn eine Platzwunde zufügte. Bevor er zum Nähen ins Krankenhaus fuhr, war er allerdings eine Zeitlang bewusstlos. Seither hat er die schöne Kaffeemaschine nicht mehr benutzt.

Die Skulpturen passen ins Ambiente: Sie sind aus rostfarbenem Eisenblech. Und sogar die Pflanzen passen sich an, am besten der zimmerhohe Gummibaum, der wie eine Skulptur und gar nicht bieder wirkt. Nur ein einziges Bild hängt an der Wohnzimmerwand: eine alte, verschmierte blecherne Castrol-Motoröl-Tafel.

Die Lichtwand im Bad vergrößert und erhellt den Raum.

Sonst gibt es keinerlei Zierrat. Auf dem Kuhfell über dem alten, ausgebesserten und geschliffenen Parkett im Fischgrätmuster steht ein Dansk-Design-Couchtisch aus Holz, er gibt dem ganzen Raum ein Zentrum. Neben anderen Geräten zur Musikwiedergabe zeigt ein Plattenspieler, dass hier jemand wohnt, der gerne gute Musik hört.

Ähnlich wie die Wohnung ist auch Heinrichs Bekleidung; er trägt gerne ausgewaschene T-Shirts und Jeans, bei denen man nicht weiß, ob sie nun Anthrazit oder verstaubtes Schwarz sind, sein tägliches Outfit, auch wenn er Kunden besucht. Heinrich sagt, dass es in seiner Branche doch nicht darauf ankommt, wie man beim Akquirieren auftritt, sondern darauf, was man macht. Diese Aussage kann er sich leisten, weil es bei ihm völlig egal ist, was er anzieht, er sieht immer gut aus, wie eine Mischung aus James Dean und Jesus Christ Superstar. Fixe Freundin hat er im Moment keine, Besuch natürlich schon. Und es ist sicher nicht gelogen, wenn er behauptet, dass Mädchen seine Behausung „cool" finden.

Ist die Atmosphäre im Wohnzimmer entspannend und privat, so ist sie im Arbeitsraum dynamisch. In den selbst gebauten Regalen finden sich Maschinenteile und Werkzeuge, Archivmaterial und Papierkram, Lack- und Spraydosen, Verlängerungskabel, eine Bohrmaschine, Hinweistafeln, die Heinrich gestaltet hat. Neben dem Arbeitstisch steht sein altes Motorrad. Es wiegt 150 Kilo, doch Heinrich meint, es sei nicht so schwer, es durch das Stiegenhaus herauf oder hinunter zu tragen. Jetzt fährt er lieber Auto, einen Chevrolet Nova, Baujahr 1978. Einen Verhandlungstisch für Kunden gibt es auch, mit einem Fuß aus geschwungenen Eisenrohren und einer runden Glasplatte. Ein Designerstück? „Keine Ahnung", sagt Heinrich. Er fand ihn in einer Garage bei den Eltern von Freunden, sie haben ihm das abgestellte Stück gerne überlassen.

Manchmal hat er es schon satt, zwischen Schlafzimmer und Werkstatt hin und her zu gehen, und er fühlt sich ein bisschen gefangen. Er braucht seine Freiheit, braucht Ausblick und einen fernen Horizont. Schlafen und Arbeiten an ein und demselben Ort ist nicht ideal, auch weil das eine vom anderen ablenkt. Auch darum träumt er davon, Wohnen und Arbeiten völlig zu trennen.

Wie seine künftige Arbeitsstätte aussehen wird, weiß er schon. Sie wird ebenerdig liegen, auch weil sein Bruder und er zum Ausgleich schneiden und schweißen möchten – und weil sie ihre Möbel, Küchen und Bäder auch in Zukunft alleine bauen werden. Nach getaner Arbeit wird er dann, staubig und ölverschmiert, aus seiner Werkstatt in seine Stadtwohnung am Spittelberg heimkommen, so richtig nach Hause. Weil Arbeit und Wohnen eine räumliche Trennung braucht, eine Tür, die man zumacht, und eine, die man öffnet. ❤

Der Glastisch stand einsam und ungeliebt in einem Schuppen.

—

Regale und Schreibtisch sind aus Lochschienen und Platten vom Baumarkt gebaut.

—

Schicke Designer-Küche, aus Spanplatten und Nirostablech selbst gemacht.

Wenn in alten Zeiten ein verträumter Komponist und eine Lehrerin einander das Jawort gaben, war im künftigen Leben der beiden oft Schmalhans Küchenmeister. Nun, so schlimm ist es bei dem Songwriter und der Sozialpädagogin nicht. Denn viel wesentlicher als Geld erwiesen sich beim Einrichten Phantasie und eine Flohmarktmöbel sammelnde Großmutter.

Gekonnt improvisiert

Tina und Philipp, Pädagogin und Musiker mit zwei kleinen Kindern

Der derzeitige Wohnsitz der jungen Familie ist ein ehemaliger Heuriger im Wiener Viertel Ober St. Veit, in einer Straße, in der es viele geduckte kleine Objekte, ehemalige und noch immer in Betrieb stehende Heurigen gibt. Das Gebäude ist ebenerdig, zur Straße hin geschlossen, nach innen hin U-förmig angelegt. Ein Torbogen mit einem schweren Tor und eine breite Toreinfahrt führen in einen Hof, der in einen Garten mündet. Der rechte Teil des Hauses wird von den Kindern der Eigentümer bewohnt, der linke von der jungen Familie, der unser Besuch gilt. Sie haben ihren Teil gemietet und innen wohnlich hergerichtet, so weit das Budget das erlaubte und so weit es sich für eine Wohnung auszahlt, die man bald verlassen will, um in der Nähe etwas Ähnliches, jedoch Komfortableres zu finden.

Auf den ersten Blick gesehen wurde an diesem Haus schon lange nichts mehr renoviert. Es wirkt beinahe desolat. Die Veranden und Glastüren hängen etwas windschief in den Angeln, der Putz bröckelt hie und da ab, das Holz schreit nach Anstrich. Ein Schrei, der an den Fenstern und Glastüren erhört wurde: Die Mieter haben die Rahmen in frischem Bauernblau gestrichen. Auf den zweiten Blick wirklich baufällig sind nur die Nebengebäude, die Schuppen und die Veranden mit ihren einfallenden Dächern, gedeckt mit schwarz geteerter Pappe. Diese Dächer strahlen den Charme des Vergänglichen aus. Überhaupt ist das gesamte Ensemble charmant, ein Wohnsitz mit Patina, in dem es menschelt. Hier lebt man vor allem im Freien, im Garten, der ungefähr 150 Meter lang und zehn Meter breit ist und sich bis zum Waldrand erstreckt. Auch die Nachbargärten haben ähnliche Dimensionen und sehen ähnlich verwildert aus. In Hausnähe gibt es noch ein paar Blumenrabatten, in Waldnähe nur noch Obstbäume und Gras und, in unserem Fall, zwei Fußballtore. Der zweijährige Sohn des Hausherrn spielt mit seinem Papa begeistert Fußball, sein kleiner Bruder, erst drei Monate alt, spielt noch gar nichts. Er liegt in einem Kinderwagen unterm Lindenbaum und schläft.

Die Wohnung kann man durch zwei Eingänge betreten. Wir entscheiden uns für den rechten, den Hintereingang, weil von dort der Hausherr ins Freie tritt. Sogleich möchte er uns in den Garten führen. Aber wir sind doch wegen der Wohnung hier, obwohl auch wir schon den Garten bewundert haben. Eine so romantisch verwilderte Grünfläche in Wien, zehn Minuten entfernt von der U-Bahn-Station, von der aus man in zwanzig Minuten am Stephansplatz ist! Beinahe unbezahlbar. Verständlich, dass man für eine solche Lage ein bescheidenes Ambiente in Kauf nimmt und bloß versucht, es wohnlich einzurichten.

Und das ist hier vollauf gelungen. Man wollte die Dinge erst gar nicht gerade biegen, sondern beließ den Wänden, der Stuckdecke, den Türen und Veranden wie den Böden ihren Charme. Und irgend-

Mit frischen
Farben kommt
Sonne ins Haus.

Farbharmonie
im Schlafzimmer.

wie passt das Alte auch zur jungen Familie, weil Philipp aus einer traditionsreichen Adelsfamilie stammt, die durch eine rührende Liebesgeschichte sogar dem ehemaligen österreichischen Kaiserhaus verbunden war. In solchen Kreisen versteht man es, sich in jeder Lebenslage standesgemäß einzurichten oder jemanden zum Partner zu wählen, der dieses Talent mitbringt.

Es ist die Frau des Hausherrn, eines Musikers und Komponisten, die die Wohnung mit Gefühl für Farben und Stil und mit den Möbeln aus dem Fundus ihrer Großmutter eingerichtet hat. Tina stammt aus einer Handwerkerfamilie, hat Sonder- und Heilpädagogik studiert und ist heute Supervisorin und Coach. Sie hilft Jugendlichen dabei, nach der Schule oder nach einem Schulabbruch einen Beruf zu finden, der zu ihnen passt.

Das Vorzimmer ist voller Pakete, Schuhe und Mäntel; von einem improvisierten Baustellenverteiler gehen mehrere Kabel weg. Die werden, so die Hausfrau, in der Wohnung unbedingt gebraucht, weil es nur zwei Steckdosen gibt. Sie scheint einen etwas besseren Überblick über diese Wohnung zu haben als er. Und mehr Hang zur Ordnung als zum Chaos. Das ist beiden bewusst. Darum ist es nur dort ordentlich, wo es sein muss, wo Ordnung Erleichterung schafft. Wo sie nicht nötig ist, führt der Zufall Regie.

Die Küche ist mit alten, weiß gestrichenen Küchenmöbeln eingerichtet, so wie sie früher in den meisten Küchen standen: eine Kredenz, Stühle, ein Tisch, eine Kohlenkiste; der Lack blättert hie und da schon ein bisschen ab. Die Möbel aus den Zwanzigerjahren des vorigen Jahrhunderts stammen vom Flohmarkt, so wie mehr als die Hälfte der Möbel in der ganzen Wohnung. Tinas Großmutter war eine begeisterte Flohmarktbesucherin und sammelte querbeet. Von dieser Leidenschaft profitieren nun alle ihre vier Enkelinnen.

Dass sie die Wohnung gefunden haben, geht ebenfalls auf das Konto von Tinas Familie. Ihre Mutter, die in der Nähe lebt, hörte, dass in dem alten Haus eine Wohnung leer stehe. Und sie ahnte, dass diese Wohnung für ein junges Paar, das eine Familie gründen wollte, ein guter Start sei. Man hatte sie nie am Immobilienmarkt angeboten, sie hat ja nur zwei Zimmer, und das zur Straße hin. Sie war nach dem Tod der alten Dame, die zuletzt dort gewohnt hatte, in einem „herausfordernden" Zustand. Häkeldeckchen und Spitzenvorhänge erinnerten an die frühere Bewohnerin, und vor dem Sparherd in der Küche standen noch ihre Hausschuhe.

Ein wenig feucht ist die Wohnung immer noch. In die Bausubstanz wurde bei der Renovierung nicht eingegriffen, und deshalb ist sie auch nur ein Übergang, ein Durchgangsobjekt. Von der Gegend wegziehen aber wollen die beiden nicht. Da ist einerseits die Nähe der Schwestern, der Familie, die das Kindermanagement erleichtert, und andererseits die Nähe der Natur. Deshalb will man sich in der Umgebung etwas suchen, das einen ähnlichen Garten, jedoch mehr Räume hat. Eine größere Küche und ein Kinderzimmer wären erwünscht.

Von der engen Küche aus kommt man in ein freundliches großes Wohnzimmer, eine in Weiß, Gelb und Orange gehaltene Improvisation, die Fröhlichkeit und Jugend ausdrückt. Eine Flügeltür, die offen steht, führt in das Schlafzimmer, ebenfalls in sonnigen Farben eingerichtet. Derzeit schlafen die Kleinen noch bei den Eltern. In Körben Berge von Kinderwäsche, in Kisten Spielzeug. Anna sagt: „Die Kindermöbel gehen in der Familie reihum, von einer zur anderen Schwester." Auf dem Nachtkästchen neben dem Bett mit dem ebenfalls sonnigen Bettüberwurf stapeln sich die Bücher. „Ich lese sehr gern, am liebsten Sachbücher, Philosophie", sagt Philipp. „Doch ich bin ein inkonsequenter Leser, ich fange ein Buch zwanzigmal an." Auf dem schönen Schreibtisch steht der zweite Laptop der beiden, der andere lagert auf dem Wohnzimmertisch. Wireless Internet macht es möglich, und das Internet

Ordnung dort,
wo sie nötig ist.
—
Möbel wurden
spielerisch
kombiniert.

brauchen die beiden für ihr tägliches Brot. Er ist nicht nur Komponist, eigentlich Liedermacher oder „Songwriter", sondern auch Event-Veranstalter bei einem Wiener-Kulturverein, der sich als Drehscheibe für Künstler versteht. In einem „Kulturraum" in der Wiener Innenstadt bringt er unkonventionelle, bekannte und weniger bekannte Musiker, manchmal auch Schauspieler, Autoren oder Dichter zusammen.
Auch im Wohnzimmer gibt es viele Bücher, bequeme Sitzmöbel, spielerisch zu Gruppen zusammengestellt, und ein CD-Regal, in dem die CDs in beschrifteten Fächern vorbildlich geordnet sind. So kann Philipp eine gewünschte CD sofort finden. „Die Fächer zu beschriften", sagt er, „das war Tinas Idee. Sie gibt dem Chaos einen Rahmen." Deshalb ist es auch nur halb spürbar. Auch am Klavier, an dem Philipp in letzter Zeit nicht allzu oft spielt. Die Kinder haben Vorrang. Tina, die den Kleinen noch stillt, hat ihren Beruf stundenweise wieder aufgenommen, auch weil „immer Wickeln" nicht ganz zufrieden stellend ist. Außerdem liebt sie ihre Arbeit mit den jungen Leuten, von denen nur wenige „leicht vermittelbar" sind.
Das Klavier bekamen sie geschenkt, sie mussten nur den Transport bezahlen. In welchem Zustand es ist? Nun, es ist in sich stimmig, doch im Gesamten um einen halben Ton zu tief gestimmt. Laienhaft erklärt heißt das, man kann alleine darauf stimmig spielen, doch kommt ein anderes Instrument dazu, muss dieses um einen halben Ton tiefer gestimmt werden. Dieses Klavier ist eben nicht genormt, so wie die Wohnung und ihre Bewohner. Nichts hier lässt sich in eine Stilrichtung zwingen. Philipps Musik zum Beispiel ist weder Jazz noch Hip Hop, aber immer spontan. Er improvisiert gerne und nie spielt er, ob alleine oder mit anderen zusammen, etwas zweimal gleich. Ähnlich ist es mit der Einrichtung: Stylisten, die alles klassifizieren müssen, würden sie als „Vintage" oder „Retro" bezeichnen, aber sie ist keines von beiden, sie ist einfach gut, spontan, spielerisch, improvisierend und immer anders, so wie seine Musik.
Diese Wohnung halten die zwei sogar für Luxus! Wobei sie den Luxus verschieden interpretieren. Tina sagt, dass sie durch diese wunderbare Lage mitten in der Natur viel mehr Wohn-Raum haben als andere, die vielleicht in größeren, tolleren Wohnungen leben, aber jeden Tag mit ihren Kindern in den Park gehen müssen. Für den Park muss man viel zusammenpacken, die Kinder anziehen, Etliches mitnehmen und daneben sitzen. Das kostet Zeit. Hier lässt man sie einfach im Garten spielen und den Kinderwagen stellt man an die Luft, mitten ins Grün. Daneben kann man die Wohnung putzen, Wäsche waschen, kochen und bügeln. Und was ist schon Luxus? Sicher nicht Geld. Und Klimbim. Luxus bedeutet Raum, Zeit und Stille.

Besonders die Stille ist ein Aspekt, den der Hausherr genießt. Braucht er sie zum Komponieren? Ja, und am liebsten erlebt er sie auf einer Almhütte in der Steiermark, wohin er sich früher zurückzog. Das geht jetzt, mit den kleinen Kindern, nicht. Auch die Freiheit der Straße fasziniert ihn. Eine Zeitlang, nach der Matura, hat er sich als Straßenmusiker verdingt. Er trampte durch ganz Europa, saß auf den Gehsteigen, auf den Plätzen in den Metropolen und spielte auf seiner Gitarre, was ihm gerade einfiel. Musik bringt die Menschen zusammen. Einmal parkte auf den Champs-Elysées ein Auto vor ihm, ein Mann stieg aus, in der Hand eine Klarinette, und setzte sich zu ihm. Sie spielten lange zusammen. Philipp lässt sich immer von seiner Umgebung und seiner Stimmung inspirieren; sein Lieblingsinstrument ist die Gitarre, das Gitarrenspiel hat er sich selber beigebracht.
Jedes Jahr am 21. Juni findet in Paris die „Fête de la Musique" statt. Schon mehrmals war Philipp dabei gewesen. Doch vor zwölf Jahren klappte es mit der Reise nach Paris nicht, er hatte zu wenig Geld. So besuchte er als Ersatz am selben Tag das Musikfestival im Lycée français, im französischen Lyzeum in Wien. Und dort lernte er seine Anna kennen. Seither sind sie ein Paar.
Philipp nimmt seine Gitarre und geht vor das Haus. Sucht sich einen Platz neben dem Teich, in dem Goldfische schwimmen und der der ganzen Familie als Ruhe- und Ispirationspol dient. Der Blick der Besucherin fällt auf den Kirchturm von Ober St. Veit. Wien kann so ländlich sein. Es ist wunderbar hier, diese Stille, am Rande der Stadt. Er sagt: „Wie schön ist erst der Sternenhimmel, nachts." Hierher zieht er sich gerne zurück. Er setzt sich auf einen wackeligen Gartenstuhl und beginnt zu spielen. Eine Improvisation des Augenblicks, eine Melodie, die niemand nachsingen kann, eine, die fasziniert. Wenige, glückliche Minuten lang. ❤

Dem Augenblick gehört das Glück.

Wer einen echten Engländer kennen lernen möchte, braucht weder nach England zu fahren noch Englisch zu können. Er betritt einfach das „Country House“ in Wien, ein Möbelhaus, in dem es sehr englisch zugeht. Oder er fährt nach Mauerbach, wo ein Mann britischen Lifestyle zelebriert.

Blick in den kleinen
formalen Garten.

Himmelbett
aus einem ceylone-
sischen Hotel.

ter dicken Matratzen sind aus dem Hotelangebot der Firma, importiert vom englischen Hoflieferanten. Überall sind streichelweiche Teppichböden verlegt, sogar im Badezimmer, und die Wanne ist mit Holz vertäfelt. Engländer haben nicht den Fliesen-Tick, dort gibt es keine kalten, glatten Fliesen, weder am Boden noch an der Wand, dort sind auch die Badezimmerwände tapeziert. Ein Streitgespräch über Hygiene entfällt, denn schon steigt die Besucherin, vorbei am Fitnessraum mit Zimmerfahrrad und Trampolin, vorbei am afrikanischen Häuptlingssessel, wieder die knarrenden Stufen hinunter ins Parterre, hinein in das große Wohnzimmer mit dem Kamin. Henry weist auf die Türen hin.
Die stammen aus Abbruchhäusern und auch die Schlösser sind alt. Hie und da erleuchtet eine Lampe aus Messing ein darunter hängendes Œuvre. Die meisten Bilder stammen aus Österreich. Porträts, Landschaften, Blumen. Etwas Modernes ist nicht darunter. Sorry, my dear, aber zu Abstraktem habe er keinen Bezug. Farben jedoch liebt er, besonders an den Möbeln, wie man im Living Room sieht, dem wichtigsten Raum in jedem englischen Haus. Dort gibt es bequeme Sitz- und Liegemöbel, ein riesiges rotes Sofa mit goldenen Drachen – auf diesem Sofa könnten auch zwanzig Personen lümmeln. Vor dem Sofa steht statt einem Couchtisch ein Möbel, das man „Footstool" nennt, ein gepolsterter Tisch zum Sitzen, man kann aber auch Tabletts darauf stellen oder die Füße darauf legen. Zwei Ohrensessel in Grün runden die bunte Lümmellandschaft ab. Und auch hier wurde ein Teppichboden mit Randbordüre verlegt, in England nach Maß angefertigt. Die Küche ist aus edlem Teakholz, aus dem Abbruch einer südenglischen Apotheke hergestellt. Das Geschirr in den Sideboards hinter den Glastüren ist ein Augenschmaus, die Arbeitsplatte zwischen Herd und Spülbecken minimalistisch.
„Setzen wir uns doch in den Wintergarten", fordert der Hausherr die Gäste auf. Doch welchen Stuhl soll man wählen? Den chinesischen oder den Chippendale, den „Smokers Bow", den Windsor Chair, einen viktorianischen Klavierhocker oder einen französischen Stuhl mit Strohgeflecht? Auf dem Tisch liegt ein wunderschönes florales Baker-Tischtuch.
„Some tea?", fragt Henry. „Aber gern." ❤

Zwanzig Jahre nach ihrer Trennung sehen sich zwei einstmals Verlobte wieder und heiraten. Sie zieht zu ihm ins Hotel, das ihm seit zehn Jahren gehört. Dort hat er eine Wohnung und die ist für sie wie nach Maß gemacht, so sehr stimmen die beiden leidenschaftlichen Gastgeber in Fragen des Geschmacks und des Lebensstils überein.

Wohnen im Hotel

Angelika und Gerhard, Hotelbesitzer und -bewohner

Vorbei an der Rezeption, dem Restaurantbereich mit großer Hotelbar, dem Wellnessbereich und den Solarien gelangt man zur Wohnung von Angelika und Gerhard. Die haben sie sich in ihrem Vier-Sterne-Hotel im 3. Wiener Bezirk eingerichtet.
Das 160-Betten Hotel ist während der Woche hauptsächlich von Geschäftsreisenden und Angestellten der umliegenden Megafirmen belegt, am Wochenende wohnen hier auch Touristen aller Nationen, die einen Wien-Trip unternehmen.
Die Kunden schätzen nicht nur die vielfältigen Sport- und Wellness-Einrichtungen, sondern vor allem die familiäre Atmosphäre im überlegt ausgestatteten Haus, erzählen Angelika und Gerhard. Das liegt wohl auch an ihnen selbst; beide schätzen Geselligkeit und sind gerne unter Menschen. Nicht selten mischen sich am Abend Sportler, Hotelgäste und Wellnessbesucher zu einer unterhaltsamen Runde an der Bar, Angelika und Gerhard inklusive.
Dass er mit diesem Hotel einmal so erfolgreich sein würde, hatte der studierte Geschäftsmann, der zuvor erfolgreicher Steuerberater mit eigener Kanzlei in Graz war, nicht ahnen können, als er 1995 die Groß-Sportanlage, bestehend aus zehn Tennishallenplätzen, Squash, Sauna, Indoor- und Outdoorpools, erwarb. Schritt um Schritt baute er dieses Areal zu dem heutigen Sporthotel um. Heute ist er nicht nur Hotelbesitzer, sondern auch Eigentümer eines der führenden Yacht-Charter-Unternehmen in Kroatien. Das Restaurant im Hotel ist verpachtet, den Hotelbetrieb führt ein befreundeter Direktor. Gerhard kontrolliert das Geschehen und nutzt auch gerne einmal die Annehmlichkeiten des Hauses. Er ist ein begeisterter Tennisspieler und spielt täglich, meist am frühen Morgen.
Geschäft, Sport, Gesellschaftsleben und Privates lassen sich schwer trennen, und bei allem unterstützt ihn Angelika, seine Frau, eine tüchtige Partnerin, leidenschaftliche Köchin und wunderbare Gastgeberin. Die beiden wirken wie ein ideales Paar, das schon lange glücklich zusammen lebt – dabei sind sie erst seit einem Jahr verheiratet.
Angelika und Gerhard sind sozusagen „Wiederholungstäter". Kennen gelernt haben sie sich vor zwanzig Jahren; zwei Jahre lebten sie zusammen, sie verlobten sich – und gingen dann doch getrennte Wege. Jeder hat seine eigenen Erfahrungen gemacht; Ehe und Scheidung bei Angelika, Ehe und Tod der Frau bei Gerhard.
Viele Jahre später sollten sie sich, vermittelt durch gemeinsame Freunde, wieder treffen, nach nahezu achtzehn Jahren. Bereits bei diesem ersten Treffen wurde klar, dass sie noch immer viele gemeinsame Lebensinteressen verbanden und dass sie sehr gut zueinander passten. Gerhard suchte eine Frau, die mit ihm die Unternehmen führen wollte, die wie er Gäste und Geselligkeit liebte, spontan und flexibel sein Leben mit ihm teilen wollte. Angelika teilte seine Einstellung, und so war es nur zu logisch, dass sie sich wieder ineinander verliebten. Nach drei Monaten heirateten sie. Verlobungszeit brauchten sie keine mehr einzuhalten, die hatten sie ja schon hinter sich.
So entstand eine richtige Patchwork Familie: Angelika brachte aus ihrer Ehe eine siebzehnjährige Tochter mit; von Gerhard kam eine fünfundzwanzigjährige Tochter aus erster Ehe, auf die Angelika schon vor achtzehn Jahren aufgepasst hatte, und aus seiner zweiten Ehe ein zwanzigjähriger Stiefsohn.

Blick auf die Gasometer.

—

Der hoteleigene Swimmingpool.

Hier kann man es sich abends gemütlich machen.

—

Raum für offene Gastlichkeit – in jeder Beziehung

mediterrane Gemüsepfanne aus frischen Melanzani, Zucchini, Frühlingszwiebeln und frischem Rosmarin zu. Was noch nicht das Ende der Genüsse war, denn als Nachtisch gab es handgeschlagenes Schoko-Mousse mit Beeren-Deko und püriertem Himbeerfrüchtespiegel. Dass alles wie ein Gedicht schmeckte, muss auch noch erwähnt werden. Ein Witzigmann kocht auch nicht besser als Angelika. Gerhard muss sich öfters ein wenig einbremsen, damit er sein Gewicht hält – Liebe geht bei beiden auch durch den Magen. Es herrscht eine lockere, ungezwungene Atmosphäre bei Tisch, beide sind fesch und sportlich gekleidet. Die Vertrautheit der beiden ist nicht zu übersehen – man könnte wirklich glauben, dass sie schon ewig ein Paar sind.

Worin liegt das Geheimnis einer glücklichen Verbindung? Gerhard sagt überzeugt, er glaube nicht daran, dass sich Gegensätze anziehen. Gleich und gleich gesellt sich gerne, das habe Gültigkeit. Beide wissen nach ihren Beziehungs- und Eheerfahrungen inzwischen genau, was sie nicht mehr wollen. Eine Partnerschaft mit lauter Gegensätzen und verschiedenen Interessen überdauert in einer Beziehung nicht. Angelika meint noch dazu, dass gleiches Denken, Fühlen und Reagieren auf bestimmte Situationen bei ihnen automatisch geschieht – und dass es etwas Besonderes sei zu wissen, dass man seinen Seelenpartner und Lebensmenschen gefunden hat.

Um zwei Uhr morgens sitzen die Gäste immer noch da und unterhalten sich prima. Keiner will gehen. Dabei müssen Angelika und Gerhard am nächsten Tag sehr früh nach Graz und später weiter nach Kroatien – im Chartergeschäft ist Hochsaison und es kommen arbeitsreiche Tage auf das Ehepaar zu. Sie werden mit dem Auto nach Rogoznica in ihr Haus fahren und abwechselnd chauffieren. Angelika hat ihre Koffer schon am Nachmittag ge-packt, das gehört wie das Reisen zum Alltag der beiden. Aufräumen wird sie heute nicht mehr. Aufräumen ist bei „Wohnen im Hotel" kein Thema. ❤

Ein Künstlerpaar, seit zweiundvierzig Jahren zusammen, lebt glücklich in seinem Atelier mit Bildern, die alles andere als gefällig sind. Die Möbel und afrikanischen Fetische sind nicht jedermanns Geschmack, wohl aber der Geschmack der beiden, die sich oft streiten und dabei ein Herz und eine Seele sind.

Das Universum von Peter und Susi

Susanne und Peter, Künstlerpaar

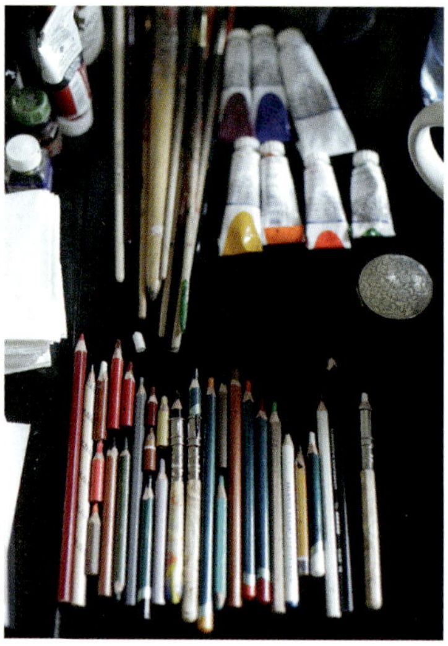

Das Atelier des Malers befindet sich im 7. Wiener Gemeindebezirk, in den Räumen der ehemaligen Wiener Werkstätte. Im Innenhof rankt der Efeu, das Flair ist pariserisch. Das Atelier ist auch eine Art Archiv, zugleich Ausstellungsort für eigene Werke und Sammlungen kurioser Dinge sowie Wohnung.
Susanne war sechzehn, Peter neunzehn, als sie sich kennen lernten. 1968 haben sie geheiratet, noch länger, seit zweiundvierzig Jahren, sind sie ein Paar. Sie gehören zur so genannten besseren Wiener Gesellschaft, der der Künstler einen Spiegel vorhält. Weit über hundert Ausstellungen hat er schon bestückt, über 5000 Werke sind in den Jahren ihres Zusammenlebens entstanden. Seine Werke sind nicht ohne seine Frau denkbar, darum wird sie gemeinhin als seine Muse bezeichnet. Die beiden achten und lieben sich, auch wenn sie oft streiten. Das Œuvre des Malers jedoch spricht eine recht eigenartige Sprache und man fragt sich: Was haben all die amputierten, durchbohrten und verschraubten Figuren auf den Bildern mit den beiden zu tun? Die sehen doch sehr nett aus. Sie legen Wert auf ausgesuchte Kleidung, umgeben sich mit interessanten Leuten, und gerne würde man mit ihnen gepflegt essen gehen, Ausstellungen besuchen und nach Italien reisen. Man kann sich mit ihnen auch sehr locker unterhalten – bis man merkt, dass dieses harmlose Geplänkel nur eine Falle ist. Mag sein, dass Peter mit seiner Bildersprache den Betrachter schockt. Live ist es ganz anders; live ist es Susi, die provoziert.
Sie sind ein Paar, das gut von der Kunst leben kann. Von seiner oder von ihrer? Von seiner natürlich! Sie macht doch nichts mehr, sagt sie. Er ist der Mann im Vordergrund, er malt gegenständlich, seit vierzig Jahren dasselbe, das sich langsam entwickelt: Menschen, oft gefesselte, durchbohrte, in Gestänge und Verschraubungen eingezwängte Frauen. Er malt sie mit schönen Dingen aus der Konsumwelt, mit Schuhen und Kleidern, mit Plüschtieren oder mit Requisiten, die man bei genauem Hinsehen fast alle im Atelier finden kann: an der Wand, auf Regalen, in Schaukästen. Sie zu beschreiben hieße schon, ins Universum von Peter und Susanne einzutauchen, das gefüllt ist mit Assoziationen: Hängt da nicht eine Kurvenlinealstola? Oder eine Hahnfederhuthahnungsverschlingung? Ein Tierkreuzwegsstationenmantel? Oder gar ein Mandrillfrisurenumhang?
Sie ist es, die diese Dinge optisch arrangiert, systematisch archiviert, sodass sie nicht verloren gehen können. Jedes Arrangement, sei es an der Wand, auf einem Regal oder am Boden, hat seinen ganz bestimmten Platz, von dem wird es nicht verrückt, es sei denn, es wird gebraucht. Die Ordnung im Atelier hat System. Ihr System. Dass er es übernommen hat, hat sich im Laufe der Zeit ergeben. Er sammelt, was ihn spontan formal anspricht. Steiff-Tiere aus Plüsch und ausgestopfte Tiere sind seine bevorzugten Sammelobjekte, immer wieder verwendet er sie in seinen Bildern. Auch Skelette von

Mit heftigen Bildern
angenehm leben.

Design des 20. Jahrhunderts versteht sich gut mit afrikanischer Kunst.

Tieren faszinieren ihn, Schmetterlingssammlungen. Wenn sie auf Beutezug gehen, gefallen beiden dieselben Dinge.
Der Maler trägt einen schwarzen, matt glänzenden Maßanzug, ein rotes Polohemd, dazu einen geflochtenen Gürtel im gleichen Rot, eine schwarze Hose. Die Socken? „Die Socken sind rot", sagt seine Frau, es muss doch alles passen. Auch hier gibt es keine Zufälligkeiten. Schon als junger Mann legte er Wert auf gute, individuelle Kleidung. Einige Schneider hat er schon ins Grab gebracht. Susi hingegen trägt etwas Schwarzes mit etwas Hellem darunter, bequem, zeitlos und passend. In Wien kauft sie nur bei einer bestimmten Designerin ein, sonst nirgends. Und sie trägt nur Schwarz, Weiß und Rot, manchmal Orange.
Die Besucherin blickt nach links, auf die Fensterbank, da steht etwas, das ihr bei ihrem letzten Besuch noch nicht aufgefallen ist. Offenbar wurde es für den Fototermin hingestellt. Es ist ein Tierpräparat, ein Mungo, um ihn geschlungen eine Kobra, sie blickt ihm ins Auge und wird ihm wohl den Todesbiss geben. In der Schule hat man aber gelernt, dass der Mungo die Kobra frisst? Susanne sagt: „Die sind für uns symbolisch. Nur dass wir selber nicht wissen, wer von uns beiden der Mungo und wer die Kobra ist."
Peter malt gerne nach Fotos. Die Motive schneidet er aus der Zeitung aus, einmal im Monat sortiert er das Material und klebt es in Hefte. Wenn er ein Bild beginnt, blättert er das Material durch, bis ihn ein Detail anspricht, etwa geschnürte Frauen oder Frauen in erotischen Posen, auch Blumen oder Spielzeug. Er malt ein Bild, übermalt es zwei-, dreimal, mehrmals, bis es ihm gefällt. Malen ist ein Prozess, kein Konzept. Porträts malt er nach Fotos. Er lässt sich erzählen, welche Gegenstände der zu Malende mag oder welche Hobbys er hat, die kommen mit aufs Bild. Nach der Natur malt er nicht, ihm muss man nicht sitzen. Es würde ihn irritieren wenn man ihm beim Malen auf die Finger schaute. Nur seine Frau ist anwesend, seine schärfste Kritikerin.
Mit einem Bild ist er fertig, wenn er das Gefühl hat, dass es abgeschlossen ist. Danach gibt er dem Bild einen Namen. Es heißt dann zum Beispiel „Affenohrentrommelflug". Oft sind die Gegenstände, die im Namen vorkommen, im Bild nicht mehr zu sehen, weil er sie übermalt hat. Aber sie sind drinnen. Er würde ganz gerne einmal ein Buch nur mit diesen Wortkonstrukten machen, ohne Bilder. Seine Frau müsste diese Wortkonstrukte allerdings in den Computer eingeben und ordnen. Eine Heidenarbeit! Bisher sind daher nur rund tausend Titel aufgelistet. Das Projekt muss warten.
Der Tisch, an dem er arbeitet, sieht wie ein Schreibtisch aus. In letzter Zeit zeichnet er mehr, als er malt. Bleistifte in allen Größen liegen links auf der Tischplatte in penibler Ordnung, kurze Stifte, lange Stifte, alle gespitzt. Ungefähr zwanzig griffbereite Bleistifte ergeben ein übersichtliches Bild. „Hat diese Bleistifte auch Ihre Frau hingelegt?" Nein, das erledigt Peter selber. Nachdem er die Stifte benutzt hat, spitzt er sie. Auch bei den Pinseln und Farben hält er Ordnung. Fängt er ein Bild an, muss das Werkzeug griffbereit sein. Ordnung spart Zeit.
Susi und Peter laden gerne zu sich ins Atelier und sie werden gerne eingeladen. Dabei sind sie, wie Susi bemerkt, ein „Risiko für jede Gesellschaft". Sie sind erstens überpünktlich und immer fünf Minuten zu früh da und zweitens diskutieren sie gerne. Wenn sie was sagt und er sich taub stellt, dann fängt der Streit schon an. „Ich hör einfach nichts", sagt Peter. Obwohl der Arzt festgestellt hat, dass er hört wie ein junger Mann. Machen sie gerne Ausflüge, gehen sie gerne spazieren? O ja, in den Wald, aber nur, wenn es Pilze gibt. „Ziellos durch den Wald zu spazieren", sagt er, „bringt gar nichts."

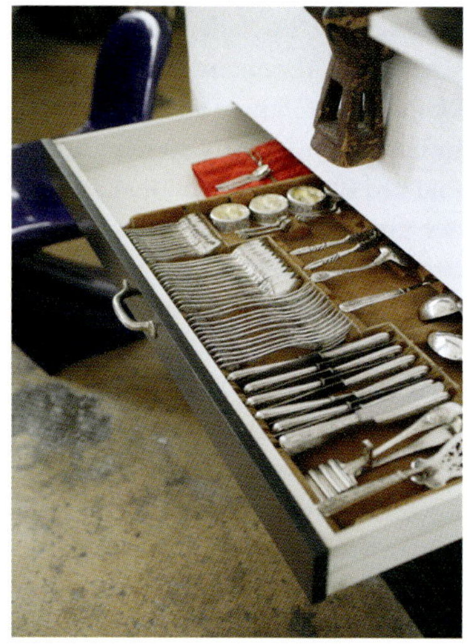

Ordnung hat ihre
eigene Ästhetik.

Im Atelier wohnten einmal auch vier Katzen. Seit sie gestorben sind, hat man sich kein Tier mehr angeschafft. Obwohl ein Hund schon einmal im Gespräch war. Dabei konnten sich die beiden aber nicht einigen: Er wollte einen Pudel, sie einen Jack Russell. Wieder Stoff für Diskussionen.

Gemütlich ist das Sofa, mit all den Plüschtieren von Steiff und den Tapisseriepolstern, die Motive aus Peters Bildern zeigen. Susanne hat sie gestickt, zwölf Stück. Sie findet, dass Sticken eine schöne, kontemplative Tätigkeit ist. Hätte sie nicht andere Motive finden können als seine Bilder? Sie ist doch eine eigenständige Künstlerin, nicht wahr! Und keine Frau, die Kissen nach Motiven ihres Gatten stickt. „Warum nicht?", gibt sie zurück. „Ich vertreibe mir die Zeit, wenn er malt. Ich richte auch gerne ein, und entwerfe alles Mögliche. Aber nur für den Hausgebrauch." Es stimmt schon, dass sie öfter von Theaterdirektoren gefragt wurde, ob sie nicht das Bühnenbild oder die Kostüme für dieses oder jenes Stück entwerfen wollte. Zweimal hat sie sich sogar dazu überreden lassen. Zufrieden war sie damit nicht, weil es so viel Zeit braucht und weil einem so viele Leute dreinreden.

Das Atelier ist ein hoher, lang gezogener Raum. In der Nähe des Eingangs ist eine Duschnische, eine Küche und dahinter auch ein Klo, das ist vielleicht etwas unpraktisch, war aber schon vom Vorgänger so eingebaut. Am anderen Ende, in einem durch eine Schrankwand abgetrennten Zimmer, wohnte eine Zeitlang die einzige Tochter der beiden, heute Malerin in Wien. Als sie flügge wurde, war es mit ihr ein bisschen schwierig, auch weil sie am Arbeitstisch des Vaters vorbei musste, wollte sie nach dem Aufstehen ins Bad, was meist erst am Nachmittag der Fall war. Hie und da musste ein junger Mann seinen Weg an den Eltern vorbei zur Türe finden. Auch nachts blieb nicht verborgen, wenn Besuch da war, das „Schlafzimmer" der Eltern besteht nämlich nur aus einem Bett, abgeschirmt durch einen von Peter bemalten Paravent. Die Bilder zeigen recht ungemütliche Szenen. Wie schläft man damit? Susanne meint: „Herrlich!" Weil sie diese Bilder liebt.

Die beiden laden gerne ein, nur sind die Partys nicht mehr so groß wie früher. Früher waren oft Theaterleute in ihrem Atelier.

Als einmal ein Schauspieler auf den Maler zukam und ihn fragte: „Was machen denn Sie da?", war es Zeit, den Sinn der großen Feste zu überdenken. Doch einen kleinen Kreis bewirtet man immer noch gerne. Zusammen können beide vierzig Speisen kochen. Das ist viel und doch nicht, weil die Leute heutzutage so zickig seien. Die einen essen kein Fleisch, nicht einmal Fisch, und die anderen trinken nur Riesling. Zu den Einladungen kommen sehr interessante Leute und es geht natürlich auch ums Geschäft. Einmal bat Hans Gratzer Susi um ein Bühnenbild für Elfriede Jelineks neuestes Stück „Clara S.": „Ich hätte es am liebsten à la Lempicka." Da hat Susi gleich abgesagt. „Entweder ich mache etwas so, wie ich es will, oder gar nicht."

In diesem Jahr, sagt Peter, werden sie eine gemeinsame Ausstellung machen. „Ach ja? Sie malen auch?", fragt die Besucherin. Susanne wirkt etwas ungehalten. Die Besucherin aber drängt. Auch Freunde drängen, wollen, dass sie ausstellt. Sie will nicht, sagt: „Er ist der Erfolgreiche. Ich kann doch nicht jetzt wieder als Malerin auftauchen. Meine Tochter malt ja auch." Die Besucherin möchte ein Bild sehen, bitte. „Also gut." Susanne bringt zwei Werke, Zeichnungen, gegenständlich, zwei Tanzende, ein Thema, das auch bei Peter oft vorkommt. Er hängt die Körper an Ketten, Pfeile oder Spieße. Und was macht sie? Sie malt mit roten Pinselstrichen ein Kreuz über das Paar, sie streicht es einfach aus. ❤

Ein Raum, viele Wohnbereiche.

Endlich kann sich eine Frau Ende Fünfzig in einer Wohnung selbst verwirklichen. Die Sache hat nur einen Haken: Der persönliche Lebensraum unter dem Dach ist mitsamt Terrasse und Gaupen nur dreiundvierzig Quadratmeter klein.

China

Die Absteige

Ines, Kultur-Seitenspringerin

Wer braucht eine Absteige in Wien oder einer anderen Großstadt? Nun, so werden manche denken, jemand, der gerne Seitensprünge macht. Richtig! Dabei handelt es sich aber weniger um Seitensprünge der erotischen als um jene der kulturellen Art. Vielen, die ein Leben in der „Provinz" dem in einer großen Stadt vorziehen, fehlen dort Kunst und Kultur, Konzerte, Oper oder Theater, Ausstellungen, Jazzmusik, interessante Vorlesungen oder Vorträge. Manchmal möchte man auch nur ins Kaffeehaus gehen oder durch die Innenstadt bummeln.

Ines ist eine von ihnen. Gelegentlich bewohnt sie eine winzige Dachgeschoßwohnung am Kutschkermarkt im Wiener Bezirk Währing, eine Wohnung, die ihr ganz alleine gehört. Diese Wohnung hat insgesamt dreiundvierzig Quadratmeter, Dachschräge und die nordwestseitig gelegene, sechs Quadratmeter große Terrasse inbegriffen. In der Wohnung darunter lebte ihr Sohn, der vor einigen Jahren zum Studieren von der Steiermark nach Wien zog. Damals war der Mann von Ines noch am Leben, leitender Angestellter in einem obersteirischen Industrieort.

Ines ist Mittelschullehrerin. Vor dreißig Jahren studierte sie in Wien, dort fand sie Freunde und Anstellung; ihren Mann lernte sie bei einem Urlaub kennen. Wegen seines Jobs zogen sie in die Provinz und bauten sich dort ein geräumiges Einfamilienhaus auf zweitausend Quadratmetern Grund. Zwei Kinder, ein Anstellung am örtlichen Gymnasium, ein unbeschwertes Leben – bis der Mann mit dem Auto auf regennasser Fahrbahn ins Schleudern kam.

Als das Dachgeschoß über der Studentenwohnung des Sohnes ausgebaut wurde, entschied sich Ines für die kleinste der vier angebotenen Wohnungen, mit einer Terrasse in Richtung Nordwest. Sonne und Natur hat sie zu Hause in der Provinz mehr als genug. Sie konnte die Ausstattung mitbestimmen. Das Bad mit den kleinen weißen Wandfliesen und den graublauen Bodenfliesen hält sie für gelungen, den Parkettboden weniger, sie hätte gern einen dunklen in Eiche gehabt. Der hier wird immer gelber und dunkelt nicht nach. Die Fliesen wurden diagonal verlegt, der Boden im Fischgrätmuster, das macht sich bei kleinen Räumen besser, als wenn man parallel zu den Kanten verlegt.

Beim Kauf der Wohnung hatte sie nur an eine Übergangslösung gedacht. Wie konnte sie damals wissen, wo sie in zehn Jahren sein würde? Immer noch allein lebend oder wieder in einer Paarbeziehung? Vielleicht würde sie auch ihre jugendliche Liebe zum Reisen wieder entdecken und gar keine Wohnung brauchen? In den Siebzigern war sie durch ganz Europa und Südamerika getrampt. Deshalb richtete sie ihre Wohnung so ein, dass sie jedes Möbelstück bei Bedarf mitnehmen kann, sogar die kleine Küche, ein schickes Stück aus Stahl und Granit mit einer Spüle und einer Doppelkochplatte, einer Glaswand und einem Regal. Der Arbeitstisch ist höher als üblich, weil Ines sehr groß ist und sich an niedrigen Standard-Arbeitsflächen meist das Kreuz verrenkt. Gläser und Geschirr, Kaffee und Zucker und was man sonst noch an Basics in der Küche braucht, stehen offen auf dem Regal. Ines mag keine versperrten Kästchen und verschlossenen Türchen, alles muss sichtbar und griffbereit sein. Deshalb ist das Geschirr ausgesucht, zur Küche passend: in Weiß, Glas und Nirosta. „Blümchengeschirr", sagt sie, „hätte nie hierher gepasst." Außerdem mag sie keine Muster. Buntes mag sie auf Textilien oder in Form von Bildern und Blumen.

Das erste Möbelstück war eine schicke braune Couch, die man ausziehen kann; am Tag ist sie ein Sofa, am Abend ein Bett. „Vom Bett aus planst du die Einrichtung", hatte sie einmal von einem Schulkollegen gehört, der Architekt wurde. Um den idealen Schlafplatz unter den Dachschrägen zu finden, schob sie die Couch mal hierhin, mal dahin. Immer schlief sie schlecht. Bis sie bemerkte, dass es nicht der Platz, sondern die Couch war, die schuld war: Sie war zu hart. Wie sehr hatte sie in ihrer Jugend harte Betten geschätzt, und auch noch in ihren glücklichen Nächten mit dem Ehemann! Aber nun wachte sie auf dieser dünnen Matratze wie gerädert auf. Ein Möbel-Großhändler bestätigte ihre Selbstbeobachtung, dass für die meisten Menschen, wenn sie älter werden, weichere Matratzen besser sind. Also besorgte er ihr ein Qualitäts-Hotelbett, das aus einem Gestell mit Lattenrost, einer festen Untermatratze und einer dicken, weichen Matratze besteht, 140 mal 200 Zentimeter, was bereits 2,8 Quadratmeter Meter an Bodenfläche verbraucht; 2,5 Quadratmeter waren schon von der Couch besetzt. Vier Quadratmeter würden der Tisch und die Sessel brauchen, die sie unter den First stellen wollte, im einzig wirklich hohen Teil des Raums.

Das Bett hat Räder und lässt sich im Nu aufbetten. Tagsüber schiebt sie es unter ein Regal, damit spart sie immerhin dreißig Zentimeter. Nun brauchte sie noch einen Tisch, einen Schrank und Stühle und machte sich auf die Suche. Bei einem Einrichter in der Nähe waren indische Teakholzmöbel eingetroffen, und sofort verliebte sie sich in einen schmalen, grün bemalten Kasten, in dem sich vieles verstauen lassen würde: vom Mini-Staubsauger bis zu Taschen und Büchern. Einen Tisch aus Eiche kaufte sie auch. Der Kasten passte, der Tisch nicht: Er war viel zu grob und sein gräuliches Holz schlug sich mit dem glatten, gelblichen Parkett-

Opulentes kulinarisches Angebot am Markt für die Dame aus der Provinz.

—

Bunte Bettwäsche erspart die Tagesdecke.

Ein Dachgeschoß in der City. Die Lage gehört zu den besten in der Stadt und das Palais, in dem die Wohnung liegt, kann sich sehen lassen. Das Problem ist nur: Die Räume liegen alle nach Norden. Eine Herausforderung für den Hausherrn, einen Lichtdesigner.

Ein zyklamfarbener Vorhang deckt die Treppe ab.

—

Die Regale werden von beleuchteten Mineralwasserflaschen getragen.

Nordlicht

Philipp und Sunti, Lichtdesigner und Englischlehrerin

Niemals scheint die Sonne direkt in die Räume. Es gibt keine großen Fenster, einen dunklen Boden und ein Wirrwarr von Dachbalken. Dafür keine Dachterrasse: Das Haus steht unter Denkmalschutz. Das alles mag einen Käufer abschrecken. Für jemanden jedoch, dessen Familie schräg gegenüber auf der sonnigeren Seite wohnt, ist eine solche Wohnung eine Herausforderung, zumal er von Beruf Architekt ist, genauer gesagt: Lichtdesigner, Absolvent einer Hochschule für Architektur in London und eines Masterkurses für Lichtdesign in New York.

Architektur hat den Hausherrn schon als Kind interessiert, aber mehr noch die Lichtarchitektur. Wie kann man mit Licht Räume schaffen? Wie kann man vorhandene Architektur unterstützen? Wie schafft man Atmosphäre? Wie leuchtet man Industrieräume aus? Es geht im Lichtdesign ja um mehr als um Wohnungen; es geht um Konzerthallen, Fabrikshallen, Festsäle, Ausstellungen, Kirchen. Da kann man mit Licht Wunder wirken – oder alles kaputt machen. Und auch diese Wohnung brauchte einen Mann wie ihn, der ihr Leben einhauchte. Ist sie nämlich konventionell beleuchtet, dann ist sie tagsüber furchtbar finster.

Eine Rarität für Wien ist diese Dachwohnung, weil man den alten Dachstuhl in seiner ganzen Pracht sieht. Normalerweise werden aus feuerpolizeilichen Gründen Dachstühle mit feuerfesten Platten und Gipskarton verkleidet, damit der Dachstuhl bei einem Brand nicht zusammenbricht. Bekommt ein Haus aber eine Stahlkonstruktion, die das Dach trägt, dann darf man die Balken sichtbar lassen.

Wichtigste Quellen für das Tageslicht sind üblicherweise Fenster. In Malerateliers, in denen gleichmäßiges Licht erwünscht ist, gibt es meist riesige Fenster nach Norden, denn das Licht, das von dort einströmt, verändert die Farben nicht. In einem Raum, der nach allen Himmelsrichtungen hin offen ist, ist es am Morgen und am Abend rötlich, zu Mittag blau. Das verändert die Farben in einem Raum, aber auch die Menschen. Ein Mensch ist in seinem natürlichen Rhythmus nicht nur auf Tag und Nacht, sondern auch auf das wechselnde Tageslicht eingestellt. Ist der Himmel wochenlang grau und wolkenverhangen, wirkt sich dies auf die Laune aus, man wird mieselsüchtig oder gar depressiv. Kommt die Sonne wieder, bessert sich die Stimmung. Die Gleichmäßigkeit des Tageslichts, die einen Maler aus arbeitstechnischen Gründen erfreut, ist für das Wohlbefinden nicht empfehlenswert, es sei denn, man geht oft aus dem Haus, in den Garten, in den Park – oder in die Arbeit, wie der Hausherr und seine Frau. Er hat sich ein Atelier in einem Büropark gemietet, sie unterrichtet Englisch für Erwachsene, bei Workshops oder in Firmen.

„Eine typische Wiener Altbauwohnung, die im zweiten Stock eines Stadthauses liegt und nach Norden schaut, hat meist mehr Tageslicht als dieses Dachgeschoß, weil sie große Fenster hat", erklärt Philipp die Situation. Darum hat er die Fensternischen mit weißen Platten und weißen Kissen in Sitznischen verwandelt, nach dem Prinzip, das man gerne in Büros verwendet: Dort stellt man große weiße Schreibtische vor die Fenster, die das Tageslicht reflektieren und an die Decke werfen. In Philipps Fensternischen sitzt man sehr

Eine Stehlampe und Flaschen mit bunten Getränken machen aus einem alten Bürotischchen eine hübsche Bar.
—
Das Schlafzimmer hat Tageslicht von oben.

gemütlich, sie eignen sich tagsüber wunderbar zum Lesen. Abends werden sie mittels an den Heizkörpern angebrachten Lichtquellen ausgeleuchtet.
Dennoch reicht aufgrund der Dachschräge das Naturlicht nur bis in das erste Drittel des lang gezogenen Dachraums. Die Seite, die den natürlichen Lichtquellen gegenüberliegt, muss man auch tagsüber künstlich beleuchten. Dazu hat Philipp sich mehrere Möglichkeiten ausgedacht. Die genialste ist die Beleuchtung der Mineralwasserflaschen: Sie tragen die Bücherregale, die aus einem billigen Möbelhaus stammen. Die Regalbretter sind nicht aus Holz, sondern aus Pressspanplatten, in die man leicht Löcher für die Spots und Wege für die Drähte bohren kann. So werden die wassergefüllten Flaschen von diesen unsichtbaren Spots beleuchtet, die Regale wirken lebendig und geben der „finsteren" Raumseite Licht.
Augenfällig in dem über zwanzig Meter langen Raum-Schlauch sind die Bücher, die sich in einer Schlange am Boden entlang ziehen. In diesem Fall hat der Architekt aus der Not eine Tugend gemacht. Für die Büchersammlung des Paares war nämlich an der Wand kein Platz, oder besser: Die weiße Wand unter dem rustikalen dunklen Dachgestühl sollte weiß bleiben. Also reihte man die Bücher am Boden auf und legte eine Lichterkette dahinter, wie man sie von Weihnachten kennt. Damit löste man zwei Probleme: Durch die unregelmäßige Struktur der aufgereihten Bücher wird der Schlaucheindruck des Raumes tagsüber angenehm durchbrochen, abends wird sie durch den lebendigen Schattenwurf, der sich aus der Beleuchtung ergibt, gestalterisch genutzt.

So schwierig die Wohnung tagsüber zu gestalten ist, abends ist sie ein Gedicht. Dann nämlich kommt erst zum Vorschein, womit der Lichtdesigner experimentiert: mit fluoreszierendem Licht, mit Lichtobjekten. An einer Wand hat er kleine dünne Männchen angebracht und deren Oberseite mit UV–Farbe lackiert. Unter den Männchen hat er, versteckt im Gebälk, einen Scheinwerfer angebracht. Wenn es finster ist, werden die Männchen an einer Seite blau und werfen lange dünne Schatten.
Blaue Latex-Bilder, die tagsüber wenig aussagen, strahlen in der Nacht. Oder eine rechteckige blaue Lichtfläche auf einer weißen Wand: Sie bezieht ihre Leuchtkraft aus einer Leuchtröhre, die sich in einem mit einer weißen Blende versehenen Schlitz befindet.
Er sieht aus wie die Öffnung zu einem Tresor. Als kurz nach der Eröffnungsparty vor einem Jahr in der Wohnung eingebrochen wurde, vermuteten die Einbrecher hier wohl Wertvolles. Es muss eine herbe Enttäuschung gewesen sein, als sie bemerkten, dass sich in dem Schlitz kein Bargeld, sondern nur eine Leuchtstoffröhre befindet. Fündig wurden sie aber auch sonst nicht: Hausherr und Hausfrau, wiewohl aus besten Familien, leben mit den preiswertesten Dingen: mit Bildern, mit einem alten Schreibmaschinentischchen, auf dem ein paar Flaschen mit alkoholischen Getränken stehen, mit billigen Tischen, selbst gemachten Lichtobjekten oder mit einem Teppich, der aus grauem Filz und roter Wolle genäht ist. Gefertigt hat ihn der Hausherr, weil er in entsprechender Größe keinen Teppich fand, der ihm gefiel, aber auch weil schöne Teppiche in dieser Größe viel zu teuer sind.

Das Tageslicht erreicht nur ein Drittel des Raums.

—

Aus der Not eine Tugend gemacht: Bücherreihe am Boden.

die Farbwiedergabe ist besser, sie geben hundert Prozent des Spektrums wieder, Leuchtröhren und Halogen Metalldampf nur einen Teil davon. Philipp verwendet die Röhren nur in Industriegebäuden, auch in Küchen, als indirektes Licht. In ihrer eigenen Küche haben sie damit experimentiert. Sie liegt im dunkelsten Winkel der Wohnung und ursprünglich waren nur die Arbeitsflächen beleuchtet; eine Lampe hing zentral von der Decke. In dieser Küche hat keiner gekocht. Nun wurden die intensiv leuchtenden Röhren so über den Küchenschränken angebracht, dass sie nach oben an die Decke strahlen, die das Licht gleichmäßig im Raum verteilt.

Jetzt hat Philipp das Atelier im Büropark bezogen. Er braucht Platz. Er will nicht am Computer arbeiten, er will seine Objekte bauen, anschauliche Modelle basteln. Im Büropark gibt es zwei Ateliers, eines davon seines, es gibt Büros, Arbeitsräume und Räume, die man gemeinsam nutzt: einen Konferenzraum, eine Bar mit Bühnenfläche, eine Lounge mit Sofas. Die Mitbenützer sind lauter kreative Leute: eine Shiatsu-Therapeutin, eine Fotografin, ein Modedesigner. Sie alle wissen, wie er, dass man Arbeit und Wohnen räumlich trennen sollte und dass der Weg zwischen Arbeits- und Wohnort wichtig ist.

Sunti gefällt, dass Philipp in der Wohnung viel experimentiert, dass ihm immer etwas einfällt. Wie die Sache mit der Stehleiter. Für die hatten sie einfach keinen Platz, wie die meisten Leute. Also malten sie die Leiter mit rotem Lack an und verwenden sie als Kleiderständer. Nobody is perfect. Und eine Wohnung schon gar nicht. ❤

Im Badezimmer: eine Leuchtwand aus Fruchtsaftflaschen.

Ein Naturkind malt sich seinen Tag mit Gräsern, Bäumen und Blumen. Sein Konzert ist das Vogelgezwitscher, der Garten seine Wohnung. Es liebt die Veränderung, liebt Sonne, Regen und Wind. Was gibt es Schöneres, als barfuß durch das Gras zu laufen! Man wird weise, wenn man in der Au wohnt, und gegen Stechmücken immun.

Das grüne Wohnzimmer

Marie, Gärtnerin aus Leidenschaft

Es ist früh am Morgen, die Gegend duftet nach Gras. Nähert man sich dem Ort, in dem Marie mit einem Teil ihrer Familie wohnt, dann lässt man die Zivilisation hinter sich. Nur ein paar Kilometer außerhalb von Schwechat liegt mitten in den Donau-Auen ein verwunschenes Märchenschloss. So verwunschen, dass die Familie es verkauft hat. Sie lebt nun schon seit dreißig Jahren im Gärtnerhaus, einem ebenerdigen, aus Ziegeln errichteten Gebäude, nur sechs Meter breit und etwa zwanzig Meter lang, straßenseitig mit wildem Wein bewachsen.
Ob es viele Spaziergänger hier gibt, die zu Fuß um das ehemalige Wasserschloss wandern, in dessen verlandetem Graben sich nun die Wollschweine suhlen? Nein, sagt die Gärtnerin. Diese Gegend ist fast menschenleer. Aber sie ist doch traumhaft schön! Nun, schön ist sie, aber ein Gelsenloch, voller Stechmücken. Und Sie leben in diesem Gelsenloch? Ja, sagt sie und strahlt, ihr machen sie nichts aus. Sie kann zu jeder Tages- und Nachtzeit draußen sitzen und wird nicht gestochen. Gegen ortsansässige Gelsen wird man immun, wenn man lange in einer Gegend lebt.
Ohne Garten kann Marie nicht sein, nicht ohne ihren Garten und nicht ohne die Natur. Das spürte sie schon als Kind. Sie ist mitten in Wien aufgewachsen; zum Spielen ging man mit ihr in den Burggarten. Ein städtischer Park ist ein schwacher Ersatz für einen Ort wie diesen hier. In der Stadt wiederholt sich doch alles, was von Menschenhand gemacht ist. In der Natur wiederholt sich nichts. Sie ist täglich anders, täglich überraschend und wild. Besonders hier in der Au. Eine Pflanzenvielfalt gibt es hier, eine Vielfalt an Tieren, eine Vielfalt an Vogelgezwitscher oder an Insektenflug, ein hör- und riechbares ästhetisches Vergnügen, erzeugt von Schatten und Licht, von Tag und Nacht, von den Jahreszeiten, von Regen und Wind.
Marie trägt grüne Leinenhosen, eine locker fallende, blass fliederfarbene Bluse mit einem zart gerüschten Kragen, eine bunte Kette, bunt bestickte Pantoffeln. Ein paar Minuten später ist sie schon barfuß; jeden Morgen geht sie so über die Wiese, die Basis des Gartens, der sich über rund einen Hektar erstreckt. Würde man ihn von der Luft aus zeichnen, müsste man eine Form wählen, die einer Malerpalette ähnlich ist, umrissen mit einem dicken Pinselstrich. Innerhalb dieser Fläche würde man Flecken in willkürlicher Abfolge setzen. In natura besteht der dick gemalte Umriss aus Fliederstauden, aus halbhohen und niedrigen Büschen, deren Samen aus der Au angeflogen kamen, und aus Blütenpflanzen, die alle mehrjährig sind und in zeitlicher Abfolge vom März bis zum Wintereinbruch blühen. Ihre Blätter haben die verschiedensten Formen und zeigen die unterschiedlichsten Abstufungen von Grün.

Pantoffeln: Luxus um zwanzig Euro.

Ein klingender Frosch in der Au.
—
In der Sandkiste spielen gern die Enkel.

Die Liegestühle – Erinnerung an den Lido.

—

Romantischer Platz unter der Trauerweide. Ein wildes Gartenparadies.

Alte Rosen.

—

Das Tischtuch ist doppelt und kann gewendet werden.

Besonders die Funkien gedeihen prächtig. Im Herbst und Winter sind die Büsche teilweise bunt, weil sie sich verfärben und Beeren tragen. Sie sind Schutzraum und Nahrung für die Vögel, die Marie so liebt. Die Flecken sind Laubbäume, vorwiegend Obstbäume, deren Baumscheiben mit Liebstöckel und Fetter Henne, mit Salbei und Malven, mit Rosen und Raute, mit Glockenblumen und Farnen, Lavendel und Spiräen bepflanzt sind, und auch diese Pflanzen wechseln ihre Farben, ihre Konturen, Tag um Tag. Dieser Garten ist ein lebendiger Organismus, dem man stundenlang beim Werden und Vergehen zuschauen kann.
„Und haben Sie keine Angst, von Bienen gestochen zu werden, wenn Sie barfuß gehen?“, fragt die Besucherin. Marie verneint. Bienen fliegen im Klee, also meidet sie die Flächen, auf denen der Klee blüht. Sie läuft auch barfuß über die Felder und durch die Au, sie ist abgehärtet.
Man ist hier nahe am Nationalpark Donau-Auen, in denen der Urwald wuchert und die Donau mit ihren Seitenarmen kleine Seenparadiese schafft. In denen kann man herrlich schwimmen. Und im Winter darauf Eis laufen! Auch der Winter ist hier eine Pracht, so nahe bei der Stadt, fünfunddreißig Minuten vom Zentrum. So lange fährt man dorthin – ohne Stau natürlich. Oder man nimmt die Pressburger Bahn. Die Kinder haben die Volksschule hier am Land besucht, jetzt besuchen sie das Gymnasium in Wien. Der Ehemann arbeitete von Anfang an drinnen und auch sie war als Inneneinrichterin tätig. Ihr Geschäft sperrte sie um zehn auf, so konnte sie davor noch ihren Garten genießen. Oder zum Schwimmen in die Au radeln. Das Klima hier ist mild, sieben Monate im Jahr ist es sommerlich, und wie es scheint werden die Sommer immer länger. Ihr Geschäft hat sie seit wenigen Jahren geschlossen, sie hat bereits vier Enkelkinder und wieder mehr Zeit für die Familie, von der immer irgendjemand über das Wochenende oder in den Ferien da ist. An den Wochenenden kocht sie oft für zwölf bis vierzehn Leute. Darum gibt es im Haus auch ein Au-pair-Mädchen, das für die Enkelkinder, das Haus und für den Garten zuständig ist, der gegossen werden muss. Es gibt keine automatische Bewässerungsanlage, sondern nur individuelles Gießen nach Bedarf.
Viele Pflanzen stammen aus dem Garten der Großmutter bei ihrem Haus in Simmering, einem wahren Paradies. Bevor das Haus abgerissen wurde, löste sie den Haushalt auf und bedachte die Enkel mit Mobiliar. Von allen Enkeln war Marie die einzige Gärtnerin, so fielen ihr die Pflanzen aus Großmutters Garten zu, die sie sorgsam ausgrub und bei sich einsetzte: Funkien, Päonien (Pfingstrosen) und Rosen, aber auch Akelei und Schwertlilien, Hartriegel und Flieder. Auch eine Steinfigur wanderte von Simmering in die Au. ❤

In der Au ist
man am besten
mit dem Rad
unterwegs.

Von ihren eigenen Kindern erbte die Älteste ihre Gärtnerinnenleidenschaft, ein Enkel scheint auch in diese Richtung zu gehen. Wenn der kleine Junge Blumensträuße bindet, wählt er die Farben sorgfältig aus. Er hat sogar die Farbenvorliebe von Marie geerbt: Lila, Blau und Rosa. Rot mag sie, aber spärlich und mit einem Stich ins Blau, Gelb oder Orange mag sie nicht. Man wird in den blühenden Bändern und Inseln selten gelbe Blumen finden, nur solche, die immer wieder von selber kommen. Sie liebt auch Grün in allen Schattierungen. Die Besucherin bemerkt, dass diese Farben wunderbar zu ihrer gebräunten Haut, ihren blonden Haaren und ihren blauen Augen passen.

Sie war sehr jung, als sie heiratete, achtzehn. Als ihr Mann und sie beschlossen, in das Gärtnerhaus zu ziehen, war der Garten ein Auslauf für Tiere gewesen, für Schweine und Hühner, die das Areal umgegraben hatten. Mit einem Bagger wurde alles planiert, drei Obstbäume ließ man stehen: einen Apfelbaum, einen Nussbaum und einen Prunus, einen „Kriecherlbaum" (Kirschpflaume), aus dessen Früchten sich wunderbare Marmelade kochen lässt. Alle anderen Bäume wurden nach und nach gepflanzt: Weichseln, Kirschen, Birnen, Äpfel, Marillen, noch mehr Kriecherln, Nussbäume und eine Trauerweide. Immer wieder säen sich die Bäume der Aulandschaft von selber aus; meist sind es Akazien und Holunder. Hie und da lässt Marie ein Bäumchen wachsen – mal sehen, was daraus wird. Wenn es hübsch ist, kann man es immer in die Hecke setzen.

Im Laufe der Zeit suchte sie sich am Areal die geeigneten Plätze für die Gartentische und Bänke aus; dabei orientierte sie sich nach ihrem Gefühl und nach den Lichtverhältnissen im Tagesablauf. Einen Plan zeichnete sie nie. Für jede Tageszeit gibt es nun einen Sitzplatz, der Schatten spendet. Die Sandkiste ist schon seit dreißig Jahren an derselben Stelle, in ihr spielen jetzt die Enkel, die ebenfalls gegen die Gelsen immun sind. Oft sind ihre Rücken ganz schwarz von den Tieren.

Nach welcher Methode hier gegärtnert wird? Konventionell mit Gift? Oder bio? Permakulturell oder anthroposophisch? Nichts von alledem, antwortet Marie. „Nur nach Gefühl." Den Gemüsegarten hat sie schon vor Jahren aufgegeben, wegen der roten Nacktschnecken. Die waren wirklich grauslich und dagegen gab es überhaupt kein Mittel. Seither wird das Gemüse gekauft. Es scheint, als würde sie mehr für die Seele als für den Magen gärtnern. Im Prinzip lässt sie alles wachsen, was kommt. Dann sortiert sie aus, vereinzelt, vermehrt, nach Farben und Arten. Oft fällt ihre Wahl zugunsten des Urwüchsigen aus. Eine veredelte Rose an der Hauswand, die verwilderte, ließ sie stehen, sie sieht mit ihren zarten kleinen Blüten so hübsch aus, findet sie.

Sie mag es, dass alles so schön in einer Ebene ist, dass der Schiffboden im Haus stufenlos in eine Terrasse übergeht, zwischen deren Steinen kurz gehaltene Gräser wachsen. Ein Tisch steht das ganze Jahr im Freien vor der Hauswand, weil es auch im Winter an schönen Tagen hier warm ist. Zwei große Schirme spenden Schatten, sie waren einmal weiß und haben nun eine graue Patina, es sind Original-Marktschirme aus Rom. Marie stellt Liegestühle auf die Terrasse, sie sind aus Holz, haben praktische Lehnen und sind mit verblichenem blaugrünem Segeltuch bespannt. Irgendwo hat man solche Liegestühle schon gesehen, aber wo? Im Film? Mag sein, sagt sie. Es handelt sich um originalgetreue Kopien von Liegestühlen vom Lido in Venedig. Ob Marie oft in ihnen sitzt? „Ich sitze gar nicht", sagt sie, „ich bin immer in Bewegung." Es stimmt. Immer wieselt sie herum, zupft an Blättern, telefoniert, erteilt Anweisungen für morgen, organisiert Gott und die Welt. Und arbeitet immer noch als Einrichterin, ohne Geschäft, von zu Hause aus.

Für ihre Kunden sucht sie die wunderbarsten Stoffe, Bettüberdecken, Polster, Tischdecken und Vorhänge aus. Das können preiswerte Stoffe sein, alte Fetzen sogar, aber auch teure Ware. Die Stoffe werden zusammengenäht, in der Kombination der Farben und Muster liegt ihre Kunst. Aus Vorhandenem macht sie mit Gefühl etwas Schönes. Sie ändert auch billige Kleider, indem sie ihnen einen anderen Kragen näht, die Knöpfe tauscht. Die Sachen müssen schön und praktisch sein und sich angenehm anfassen lassen.

Marie mag fließende Übergänge, nicht nur im Garten. Sie mag keine scharfen Trennlinien, keine scharfen Kanten, glatten Oberflächen oder Ecken, keine knalligen Farben. Sie mag Patina auf den Möbeln, mag ihre Kleidung ein wenig abgetragen, die Farben ein wenig verblichen. Auch die Bilder, die im Wohnzimmer hängen, sind eher zurückhaltend. Von welchen Malern? Ach, keine berühmten. Sie sammelt, was ihr gefällt. Es ist ja auch mit den Pflanzen so. Die sind nicht nur von ihrer Großmutter. Die Pfingstrosen dort drüben, sagt sie, und zeigt auf eine verblühte Ecke, stammen aus Oberösterreich, die Malven sind aus Ronda in Spanien, wo eine Freundin lebt. Die Obstbäume sind keine alten Sorten, sondern, wie einige Rosen, vom Gartenmarkt.

Fließende Übergänge gibt es auch in ihrem Privatleben. Eines Tages hatte ihr Mann sie verlassen und sie wollte sich doch nicht scheiden lassen. Viele Jahre vergingen, bis es so weit war. Sie ist nicht gerne allein. Fühlt sie sich je einsam? Nein. Die Kinder sind oft hier, und die Enkel. Die nächste Generation will sich im Umkreis ansiedeln. Sie fühlt sich auch deshalb nicht allein, weil sie der Natur so nahe ist, umgeben vom Summen und Brummen und Singen.

In den drei Stunden des Gartenbesuchs hat sie telefonisch drei Einladungen ab- und zwei Einladungen zugesagt. Es ist ja nicht so, dass sie hier heraußen weg von der Gesellschaft ist. Sie liebt Konzerte, jeder in der Familie spielt ein Instrument. Sie geht gerne auf Partys. Deshalb hat sie ein winziges „Pied-à-terre" in der Stadt, eine zehn Quadratmeter kleine Wohnung mit einem Schrank für stadtfeine Garderobe, mit Kitchenette und Wendeltreppe hinauf zum Schlafplatz. Die praktische Absteige liegt direkt am Naschmarkt. Dort ist sie mitten im multikulturellen Geschehen. Sie frühstückt gerne bei einem Türken, in dessen Lokal es zugeht wie in Istanbul am Marktplatz. Innerhalb des Gürtels fährt sie immer mit dem Rad. Oft stellt sie das Rad ab, schaut sich Innenhöfe an, Fassaden, entdeckt neue Lokalitäten, spürt, wie die Stadt sich entwickelt. Wien ist immer einen Besuch wert. Doch mit den Freuden, die ihr das Landleben bringt, kann sich keine Stadt messen. ❤

Die Gärtnerin in ihrem Reich.

—

Ein friedfertiger Gartenhund.

Impressum

Bibliografische Information der Deutschen Nationalbibliothek
Die Deutsche Nationalbibliothek verzeichnet diese Publikation in der Deutschen Nationalbibliografie; detaillierte bibliografische Daten sind im Internet über http://dnb.d-nb.de abrufbar.

1. Auflage 2007

Graphische Gestaltung: sensomatic, www.sensomatic.com
Fotografie und Bildbearbeitung: Harald Eisenberger
Fotoassistenz: Lydia Fuis
Fotos auf den Seiten 46–47: Friederun Pleterski
Lektorat: Brigitte Hilzensauer
Gedruckt in der EU

ISBN 978-3-85033-102-9

Christian Brandstätter Verlag
GmbH & Co KG
A-1080 Wien, Wickenburggasse 26
Telefon (+43-1) 512 15 43-0
Telefax (+43-1) 512 15 43-231
E-Mail: info@cbv.at
www.cbv.at

Weitere Bücher im Christian Brandstätter Verlag

Henry Wilson
Indien Style
Format 24 x 27,5 cm
192 Seiten, ca. 200 Farbabbildungen

Ein Wohnbuch, so aufregend und vielfältig wie eine exotische Gewürzmischung!

André Heller & Julia Kospach
Augenweide
Der Garten der Gärten
Format 24 x 32 cm
400 Seiten, ca. 500 Farbabbildungen

Das vielleicht beste Gartenbuch überhaupt: Eine inspirierende Bilderreise durch die schönsten Gärten der Welt.

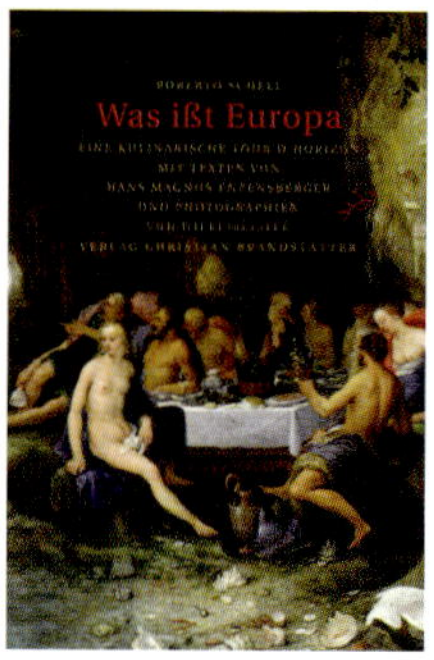

Roberto Schell & Hans Magnus Enzensberger
Was ißt Europa
Eine kulinarische Tour d'horizon
Format 21 x 31,5 cm
288 Seiten, ca. 260 Farbabbildungen

Dieses Buch ist eine Einladung an alle Liebhaber des Variantenreichtums europäischer Küchen, mit Hans Magnus Enzensberger eine kulinarische Rundreise durch unseren Kontinent zu unternehmen.

France Billand
Das Holzhaus Buch
Format 22,8 x 22,8 cm
208 Seiten, ca. 200 Farbabbildungen

Dieses Buch zeigt, wie man seinen Traum vom Wohnen und Leben mit Holz verwirklichen kann.

Ruth Wegerer & Harald Eisenberger
Frauen wohnen anders. Männer auch
Format 23 x 28 cm
160 Seiten, ca. 140 Farbabbildungen

Endlich geht ein Buch dem „kleinen Unterschied" beim Wohnen nach: Geschichten von Männern und Frauen, für die das Interieur auch eine Identitätsfrage ist.

Monika Uzman & Harald Eisenberger
Ganz oben | At the top
Format 23 x 28 cm
160 Seiten, ca. 200 Farbabbildungen

19 aufregende Domizile zwischen Himmel und Erde: Ein prachtvoller Band mit Anregungen zum Nachmachen oder einfach nur zum ästhetischen Träumen.

Gilles de Chabaneix & Stafford Cliff
Wie wir in der City wohnen
Format 22 x 23,5 cm
256 Seiten, ca. 270 Farbabbildungen

Ein überraschender Blick hinter die Fassaden von New York, Paris, Tokio – randvoll mit gelebten Details und Einrichtungstipps.

Annabelle Knaur-Trauttmansdorff & Sophie Senger-Weiss
Be My Guest
Kreative Lifestyle-Rezepte für jeden Anlass
Format 21 x 26 cm
176 Seiten, ca. 100 Farbabbildungen

Mehr als nur ein Kochbuch, ein buntes Criss-Cross an Rezepten und Geschmäckern aus aller Welt, die zusammen mit Dekorationstipps für jeden Anlass garantieren, dass Ihre Events ein voller Erfolg werden.